Albrecht Heise
Der alltägliche Ausnahmezustand
Kongo im Chaos

Albrecht Heise

Der alltägliche Ausnahmezustand
Kongo im Chaos

Picus Reportagen

Picus Verlag Wien

Grafische Gestaltung: Dorothea Löcker, Wien
Umschlagabbildung: © C. Pueschner / ZEITENSPIEGEL / VISUM
Druck und Verarbeitung: Remaprint, Wien
ISBN-10: 3-85452-922-8
ISBN-13: 978-3-85452-922-4

Informationen über das aktuelle Programm
des Picus Verlags und Veranstaltungen unter
www.picus.at

Inhalt

Vorwort

Dieses Buch ist eine Momentaufnahme von Afrika. Von dort, wo es seit langem am finstersten ist: dem Kongo.

Zwölf Tage lang besuchte ich 2005 in Kinshasa einen Deutschen: Hans. Daraus entstand dieses Buch über den Kongo und über die schillernde Figur dieses Hans. Denn Afrika wäre nicht, was und wie es heute ist, ohne Leute wie Hans, ohne die vielen Generationen von Weißen, die es seit über fünfhundert Jahren dorthin zog und immer noch zieht. Hans lebt seit den siebziger Jahren im Kongo. Hier hat er auf seine Art Karriere gemacht, nachdem er in Deutschland zu scheitern drohte. Seine bizarre, zuweilen auch anrüchige Geschichte taucht immer wieder auf in dieser Schilderung afrikanischer Wirklichkeit. Es ist eine Schilderung aus den unterschiedlichen Perspektiven zweier Weißer, jener von Hans und jener von mir, und beide sind nicht *politically correct*. Sie bereitet zuweilen Unbehagen. Sie mutet dem Leser einiges zu. Afrika ist voller Zumutungen.

Mich beschäftigt Afrika seit einem Kriegseinsatz 1968 fürs Fernsehen in Biafra, das sich gerade von Nigeria losgesagt hatte. Und meine zahllosen Afrika-Reisen danach hatten fast alle mit Kriegen zu tun, mit ihren Motiven und ihren Folgen. Und immer hatten dabei Weiße ihre Hände im Spiel: Söldner und Entwicklungshelfer, Diplomaten und Geschäftsleute, Kriminelle und Agenten. Wie in den fünf Jahrhunderten zuvor die Abenteurer und Entdecker, Sklavenhändler und Missionare,

Glücksritter und Kolonialbeamten. Sie alle waren und sind daran beteiligt, dass Afrika heute in einem so erbärmlichen Zustand ist. Doch die Hauptrollen in diesem Schurkenstück haben immer Afrikaner gespielt: Häuptlinge und Könige, Beamte und Politiker, Militärs und Warlords.

Und was jetzt? Wie soll Afrika je aus seiner Armut heraus- und Anschluss an die entwickelte Welt finden? Da müssten wir helfen, schallt es von allen Seiten. Mit Geld! Je mehr Geld wir ihnen gäben, desto besser würde es den Afrikanern gehen!

Und es fließen Milliarden in Richtung Afrika – doch nichts bewegt sich dort. Im Gegenteil: Die Bedürftigkeit wächst immer noch. Das sei, sagen die Politiker Afrikas, weil der Westen immer noch nicht genug Geld gebe. Nein, sagen jetzt immer vernehmlicher Afrikas Intellektuelle, das sei, weil der Westen mit seinem Geld diese geldgierigen Politiker an der Macht hält. »Lasst uns endlich in Ruhe mit eurem Geld«, rufen die Weisen Afrikas uns zu, »dann können wir unsere Probleme selber lösen!« Hans und ich beobachten Afrika und die Entwicklungshilfe seit mehr als dreißig Jahren, und in diesem Punkt sind wir uns einig: Die Weisen Afrikas haben Recht. Doch sie finden kaum Beachtung.

Dienstag, 8. März 2005
Vom Geheimdienst empfangen

Ein Agent sorgt für Sonderbehandlung

Es ist gerade Nacht geworden über dem Westen Afrikas, mein Air France Flug 898 landet pünktlich in Kinshasa. »Am Flughafen auf keinen Fall fotografieren!«, hatte noch der Steward gewarnt. Das gilt auch für alle Brücken, alle Grenzen, alle Polizisten und Soldaten des Kongo. Selbst die Menschen in den Straßen gebärden sich beim Anblick eines fotografierenden Weißen, als sei jedes Foto ein Frevel, der nur mit Geld wieder gutzumachen sei.

Beim Tritt auf die etwas wacklige Aluminiumtreppe umfängt mich Afrikas feuchtwarmer Flughafendunst: Kerosinabgase mit einem Hauch von Holzkohlenfeuer. Auf dem Vorfeld großes Gedränge, fensterlose Antonow-Frachtmaschinen mit kyrillischer Aufschrift. In drei Stunden soll der Airbus mit neuen Passagieren zurückfliegen nach Paris. Im Kongo ist Chaos – Banditentum, Unsicherheit, Krieg. Deshalb lässt keine seriöse Airline über Nacht ihr Flugzeug hier stehen. Heute bleibt es doch stehen, der Ablösepilot hat Durchfall. Afrika eben.

Soldaten dirigieren die ankommenden Fluggäste über das schwach beleuchtete Vorfeld zwischen den chaotisch abgestellten Maschinen hindurch zum Empfangsgebäude. Ölig glänzen Pfützen von einem gerade niedergegangenen Schauer. Mir rinnt schon nach wenigen Metern am ganzen Körper der Schweiß. Am Eingang fischt mich mit sicherem Blick ein Agent des Geheimdienstes aus dem Pulk der überwiegend weißen Ankömmlinge.

»Monsieur Heise?«

Er nimmt mir den Pass ab und zerrt mich zu einem gesonderten Durchlass. Was aussieht wie eine Festnahme, soll mir die in Kinshasa besonders üble Einreiseprozedur ersparen. Der Agent handelt im Auftrag von Hans. Der erwartet mich im klimatisierten »Salon d'Honneur«. Wir kennen uns seit zwanzig Jahren. Damals hatte ihn mir jemand von der deutschen Botschaft als »Stringer« empfohlen, einen, der Beziehungen hat und vor Ort die Fäden zieht. »Aber sagen Sie keinem, dass der Tipp von mir kommt!« Da galt Hans noch als einer, mit dem man lieber nicht gesehen werden wollte. Inzwischen ist er dreiundsechzig, und die Botschaft ist stolz auf diesen Deutschen. Mir hat er viele Male bei der Fernsehberichterstattung geholfen aus diesem Land, das für Journalisten zu den schwierigsten der Welt zählt. Dabei habe ich es schätzen gelernt, einen wie Hans an meiner Seite zu haben, obwohl der auf den ersten Blick wirklich nicht anziehend wirkt: Schmächtige Statur, sportlich-adrette Kleidung, das schüttere Haar nass zurückgekämmt, unruhige Augen und ein Ton wie vom Kasernenhof.

Chauffeur Daniel fährt den weißen Mercedes-Geländewagen vor. Heute ohne den sonst üblichen Bodyguard mit Stahlhelm und Kalaschnikow. Der Mann vom Geheimdienst bahnt uns durch die fordernd ausgestreckten Krücken und Kinderhände eine Gasse zum Auto. Hans zündet die erloschene Havanna wieder an, gibt einem, den er für den Anführer der Bettler hält, den Gegenwert eines Dollar, »teilt euch das, aber ehrlich!« Dann Fenster und Zentralverriegelung zu, Kühlung an, und schon sind wir unterwegs zur Stadt – lange bevor auch nur einer der Normal-Passagiere an der letzten der zahlreichen und immer wieder mit kriminellen Geldforderungen verbundenen Einreisekontrollen vorbei ist.

Der Weg in die Stadt gilt als einigermaßen sicher. Das war nicht immer so. Er führt zuerst durch die sichtlich verelendete Vorstadt N'Djili. Kurzer Halt. Der Mann vom Geheimdienst steigt aus. Er wohnt hier. Der Staat zahlt schlecht, oft gar nicht. Deshalb arbeitet er nebenberuflich für Hans, liefert Infos und Analysen über die Stimmung im Volk. Und wenn am Flughafen Gäste ankommen, sorgt er für die bevorzugte Abfertigung. Er ist nicht der Einzige, den Hans für solche Dienste bezahlt. Es gibt noch einen für die Außenpolitik und einen für die Regierung. Gut und zeitig informiert zu sein hat sich für Hans schon manches Mal ausgezahlt.

Es gab Zeiten, da landete keine europäische Fluggesellschaft in Kinshasa, weil auf dem Weg in die Stadt so viele der Passagiere und Flugzeugbesatzungen ausgeraubt wurden. Man flog in solchen Zeiten nach Brazzaville auf der anderen Seite des Flusses, setzte entweder mit der Fähre über oder ließ sich im Kleinflugzeug herüberbringen. Das dauerte zehn Minuten und kostete zweihundert Dollar.

Von Léopold bis Lumumba

Verbrechen lohnt sich

Vom Palais de Marbre muss es einen grandiosen Blick flussabwärts auf die wilden Stromschnellen geben, das Rauschen ist bis in die Stadt zu hören. Wem auf der Überfahrt zwischen Brazzaville und Kinshasa der Motor versagt, dem bleiben, wenn keine Hilfe kommt, etwa zwanzig Minuten, bis sein Boot dort in den tosenden Wassern zerschellt. Noch weiter unten soll es Krokodile geben. Im Marmorpalast wohnt der junge Diktator Josef Kabila, der das Amt von seinem Vater erbte, nachdem der 2001 in diesem Palast erschossen worden war. Die Macht, die er nur zehn Tage nach dem Mord übernahm, ist beschränkt. Kabila beherrscht nur einen Teil des Kongo. Den weit größeren Rest des Landes beherrschen die schwer bewaffneten Milizen einiger schwerreicher Kriegsherren.

Ich bin 1971 zum ersten Mal in Kinshasa gelandet. Der Weg vom Flughafen in die Hauptstadt war sicher, der Kongo war gerade elf Jahre unabhängig, war noch nicht in Zaire umbenannt. Die Kriminalität war noch überschaubar. Der Vorort N'Djili wirkte zwar arm, aber eben nicht elend, und die Flughafenstraße hatte noch nicht diese tiefen Krater, die man jetzt selbst mit dem Geländewagen besser umfährt.

Auch das anschließende Industriegebiet, damals hell und betriebsam, ist jetzt dunkel und verlassen. Fünf Sägewerke verarbeiten noch etwas Tropenholz.

Wir durchqueren die dunkle und fast menschenleere Innenstadt. Anfang der siebziger Jahre hatte sie noch ein wenig Glanz, strahlte noch etwas vom kolonialen Wohlstand aus, in dem die Belgier hier einmal schwelgten. Da amüsierte sich hier Schwarz und Weiß noch bis spät in der Nacht auf belebten Straßen. Heute ist selbst der Prachtboulevard »30 Juin« nach Einbruch der Dunkelheit gespenstisch leer. Seit Jahren ist ganz Kinshasa ohne Straßenbeleuchtung. Seit dem Tag der Unabhängigkeit, dem 30. Juni 1960, hat sich der Kongo stetig zurückentwickelt, trotz aller Entwicklungshilfe, viele behaupten gerade wegen der Entwicklungshilfe. Hier zeigen sich noch deutlicher als im übrigen Afrika die Folgen von organisierter Kriminalität und eben fehlgeschlagener Entwicklungshilfe.

Das Verbrechen allerdings ist hier schon seit Jahrhunderten heimisch.

1482 geriet der portugiesische Seefahrer Diogo Cão eher zufällig in die Kongomündung. Er entdeckte nicht nur den heutigen Kongo, er stieß auf Afrikas bisher erfolgreichsten Exportartikel: Menschen. Millionen Männer, Frauen und Kinder wurden in den folgenden drei Jahrhunderten auch über die Kongomündung gefesselt in Richtung Amerika verfrachtet. Afrikanische Häuptlinge und Könige organisierten bereitwillig den Nachschub aus dem Inneren des Kontinents, und sie wurden sehr wohlhabend dabei. Erst im 19. Jahrhundert wurde die Sklaverei nach und nach abgeschafft. Wirklich beendet ist sie in Afrika bis heute nicht, wohl aber im Kongo.

Dafür geriet das Land um 1885 unter die brutale Herrschaft erst des belgischen Königs Léopold II. und dann des belgischen Staates. Die Kolonialherren gingen 1960 wieder, und sofort begann der Streit um ihr Erbe. Kongos erster demokratisch gewählter Premier, Patrice Lumumba, fiel einem Komplott der Regierung Belgiens und des CIA zum Opfer. Und der amerikanische Geheimdienst war es auch, der dem Land bald darauf seinen ersten Diktator bescherte: Oberst Josef Désiré Mobutu, im Zivilberuf Journalist. Er ließ sich als *Guide* verehren, als Führer der Kongolesen und blieb zweiunddreißig Jahre an der Macht.

Idylle hinter Stacheldraht

An der Hausbar verkehren schwarze Politiker und weiße Diplomaten

Wir erreichen den Bessere-Leute-Stadtteil Ma Campagne, wo Hans im eigenen Bungalow wohnt.

»Alles bezahlt!«

Auf ein Hupzeichen öffnet von innen der Wächter das schwere Eisentor. Und schon umgeben uns hohe Mauern mit spiralförmig gerolltem Natodraht obendrauf. Die üppige Bepflanzung des Gartens und griechische Säulenattrappen entlang der hohen Mauern beugen geschickt dem nahe liegenden Gefängnisvergleich vor. In Kupfer getrieben steht da »Villa Kasahama«. Die erste und die letzte Silbe stehen für die Kinder Katja und Macario.

»Meine Mulatten!« Die sind jetzt erwachsen und leben in Brüssel. Silbe zwei steht für Sassa, tiefschwarz, mit fünfzig immer noch attraktiv und seit fünfundzwanzig Jahren seine Frau.

»Mein Kohlenkasten.«

Die vorletzte Silbe steht für den Hausherrn – passt aber auch zum Hund: Hannibal, mittelgroß – auch schwarz.

Über eine Terrasse mit weiteren Säulen und afrikanischen Schnitzmöbeln gelangt der Gast durch die schwer vergitterte Haustür nach drinnen.

Mittelpunkt des Hauses ist die Bar im Salon. Dahinter bezieht Hans wie auf einem Kommandostand seinen Platz, und schon grüßt die Heimat aus den siebziger Jahren. Sogar Jägermeister ist da. Diese Bar ist in Kinshasa eine Institution! Hier treffen sich Minister und Militärs, Diplomaten und Geschäftsleute. Einer der regelmäßigen Gäste, She Okitundu, war zeitweise Außenminister und zuletzt Sonderbotschafter von Präsident Kabila. Gerade heute wurde er zum Kabinettsdirektor des Staatschefs ernannt. Jetzt ist er in diesem Staat der zweitwichtigste Mann und der mit Abstand prominenteste Freund des Hauses.

Über diese Schiene kann Hans dringende Dinge – auch für die Botschaft – auf dem kleinen afrikanischen Dienstweg besorgen, innerhalb von Minuten.

»Dann erst mal Prost und Willkommen im Kongo!«

Diesmal geht es nicht um einen Fernsehbericht, sondern um dieses Buch. Schon Peter Scholl-Latour hat sich von Hans die Gesprächspartner für die Zitate in seinem Kongobuch vermitteln lassen. Dieser Hans kennt nicht nur alle wirklich wichtigen Leute im Kongo, er hat auch Zugang zu ihnen! Außerdem ist er zuverlässig, dank seines privaten Geheimdienstes immer gut informiert, und er hat Phantasie. Hans ist für die Botschaft der Mann für alle Fälle. Als nach der Wende die Botschaft der DDR überflüssig war und verkauft werden sollte, hat Hans das erledigt. Als zwei deutsche Jungunternehmer aufgeregt bei der Botschaft Hilfe suchten, weil die Behörden ihnen die gerade erfolgreich gegründete, aber nicht angemeldete Firma schließen wollten, als Polizisten sich schon über Einrichtung, Warenlager und die Kasse hermachten – da rief die Botschaft Hans an. Und Hans telefonierte mit seinem Freund François, dem General. Der schickte sofort »zum Aufräumen« ein gut gerüstetes Rollkommando an den Firmensitz der Deutschen, und die Gefahr war abgewendet.

»Das hat dreihundert Dollar gekostet und fertig.«

Danach hat sich Hans mit Hilfe eines Anwalts um die fehlenden Formalitäten gekümmert. Gekostet hat das die beiden Deutschen nichts – außer einem eingetragenen Fünf-Prozent-Anteil an der Firma für Hans.

»Man muss ja sehen, wo man bleibt.«

Die Firma importiert gebrauchte Motorenteile und verkauft die hier nicht benötigten Katalysatoren aus eingeführten Neu- und Gebrauchtwagen zurück nach Europa.

Als neuer Miteigentümer des Unternehmens konnte Hans einen alten Freund unterbringen, einen Oberst der früheren Mobutu-Armee, der unter Kabila zwar keine Schwierigkeiten, aber auch keine Arbeit hatte. Das ist die fürsorgliche Seite von Hans. Und das ist es, weshalb die deutsche Botschafterin und alle anderen ihn gern gewähren lassen, wenn er zuweilen etwas penetrant den Prolo vom Kohlenpott gibt und den auch noch mit Rechtsdrall. In Kinshasa macht das nichts, hier ist Hans eine Persönlichkeit, der von allen hoch geschätzte Monsieur Hans, gesprochen »M'siöh Ans«.

Krieg nicht nur im Kongo

Heute Abend kommen noch Axel Spahn, Deutscher Konsul in Pointe-Noire, und Manuel Müller, Erster Sekretär der Deutschen Botschaft in Kinshasa an die Bar. Die Botschafterin ist gerade verreist, solange ist Manuel der Geschäftsträger. Der Posten war in Berlin nicht besonders gefragt. Und so wurde es Manuel – mit achtundzwanzig Jahren.

In Pointe-Noire, der Hafenstadt am Atlantik im anderen, dem ehemals französischen Kongo, hat Hans früher mit den Kindern gern Urlaub gemacht. Und während er gerade noch von den traumhaften Stränden dort schwärmt, sitzen wir plötzlich im Dunkeln. Kein Licht, keine Kühlung. Stromausfall gibt es in Kinshasa fast täglich. Das Wasserkraftwerk Inga ist technisch so heruntergekommen, dass die Leistung nicht einmal mehr für ganz Kinshasa reicht. Deshalb müssen wechselweise einzelne Stadtteile abgeschaltet werden. Diesmal ist es aber wohl nur ein kleinerer Schaden. Denn als wir uns bei Kerzenlicht darauf einigen, dass die Franzosen in ihren Kolonien mehr Zivilisation hinterlassen haben als die Belgier diesseits des Flusses, kommt der Strom wieder. Die Belgier hatten nur an den Profit gedacht. Die Franzosen hatten immerhin mal die Idee, aus ihren Untertanen durch Bildung und Anpassung schwarze Franzosen zu machen. Inzwischen ist aber auch im anderen Kongo Bürgerkrieg – nach dem gleichen Muster wie diesseits des großen Flusses, nur überschaubarer, weil das Land viel kleiner ist. Während es hier um Kupfer und Zinn geht, um Coltan und Kobalt, Gold und Diamanten, geht es drüben nur um Öl. Viel Öl allerdings.

Als Konkurrenten standen sich 1997 die französische »Elf Aquitaine« und die US-amerikanische »Occidental Petroleum Corporation« (OXY) gegenüber. Es war Wahlkampf, und der wurde auf afrikanische Weise geführt: Für »Elf Aquitaine« traten die »Kobra«-Milizen von General Denis Sassou-Nguesso an – auf Seiten von »Occidental« die »Zilu«-Milizen des amtierenden und demokratisch gewählten Präsidenten Pascal Lissouba. Der »Wahlkampf« dauerte fünf Monate, kostete vier- bis fünftausend Menschen das Leben, Denis Sassu-Nguesso, der Favorit der Franzosen, wurde Sieger und damit Präsident. Das war in den Monaten Juni bis Oktober 1997.

Mobutus schmachvolles Ende

Kurz bevor dort drüben jener blutige Wahlkampf begann, kam ich diesseits des Flusses in Kinshasa an, um vom bevorstehenden Ende des Mobutu-Regimes zu berichten, es war der 9. Mai 1997. Hans holte mich am Flughafen ab, wie immer mit seinem Mann vom Geheimdienst, damals noch Mobutus Geheimdienst. Im Geländewagen saß neben dem Fahrer noch ein Sergeant der Mobutu-Armee im Kampfanzug und schwer bewaffnet. Den lieh General Eluki seinem Freund Hans immer aus, wenn es brenzlig wurde. Und es war brenzlig! Kabila hatte schon große Teile des Landes unter seine Kontrolle gebracht und marschierte jetzt auf Kinshasa zu. Angst, wohin ich horchte. Mobutus Soldaten überall auf der Flucht – plündernd und vergewaltigend, ebenso Kabilas »Befreier« im Siegestaumel.

Wo sollte ich wohnen? Wie immer im schön gelegenen »Intercontinental« mit Blick auf den großen Fluss? Das Hotel gehörte Mobutu und seinen Leuten. Brach das Regime wie erwartet zusammen, war zu befürchten, dass viele der Mobutisten versuchen würden, sich mit Gefolge im »Interconti« hinter der internationalen Presse zu verschanzen. Ich zog ins »Memling« mitten in der Innenstadt.

Mobutu, seit 1965 unumschränkter Herrscher im Kongo, war schwer gezeichnet vom Prostatakrebs. Er hatte keine Chance mehr. In der Woche zuvor war er mit seinem Herausforderer Kabila zusammengetroffen, auf neutralem Boden, dem südafrikanischen Kriegsschiff OUTENIQUA. Das hatte in Pointe-Noire festgemacht, dem Atlantikhafen des benachbarten anderen Kongo. Auch Nelson Mandela war an Bord, um zu vermitteln. Zuvor war aus Holz eine Rampe vom Kai auf das Schiff gebaut worden, damit Mobutu in seinem gepanzerten Auto bis aufs Deck gefahren werden konnte. Für den Transport mit dem Hubschrauber war er zu krank.

Mandelas Vermittlungsbemühungen waren erfolglos. Kinshasa drohte nun die Entscheidungsschlacht. Und die wollten wir Journalisten im »Memling« aussitzen, etliche Kollegen auch im »Intercontinental«. Tag für Tag wechselten sich *ZDF*-Afrika-Korrespondent Peter Kunz und ich mit Live-Auftritten auf dem Dach ab. Morgenmagazin, mittagsmagazin, 17-Uhr-Nachrichten, heute, heute-journal, nachtmagazin. Aber es gab nicht viel zu berichten. Noch immer wussten wir nicht, wo Kabilas Truppen standen, ob und wo sich ihm Mobutus zehntausend gut ausgerüstete Elitesoldaten entgegenstellen würden. Von den geheimen Bemühungen des US-Botschafters Simpson, die Armeeführung zur Aufgabe zu bewegen und so einen Machtwechsel ohne Blutvergießen zu erreichen, wusste die Öffentlichkeit noch nichts.

Unter dem Schutz unseres Sergeanten fuhr ich mit Kameramann Axel zum Drehen für ein auslandsjournal. Etlichen Kollegen waren in diesen Tagen bei solchen Dreharbeiten von Soldaten die wertvollen Kameras beschlagnahmt worden. Mittags stand ein Offizier auf der Straße, nur zwanzig Meter vom Hoteleingang entfernt, die Waffe im Anschlag, eine »konfiszierte« Kamera vor sich auf dem Asphalt. Er wartete auf die Rückkehr des Besitzers, der das geforderte Lösegeld aus seinem Hotelsafe holen wollte. Der Kurs lag bei zehntausend Dollar. Doch dieser Soldat ging leer aus. Ein Knirps näherte sich ihm barfuß von hinten, ergriff blitzschnell die Kamera und rannte damit im Zickzack bis in die Sicherheit der Hotelhalle.

Aber wie sicher war diese Hotelhalle wirklich? Bedrohlich viel Militär rottete sich draußen zusammen. Die mit Bargeld gut ausgestatteten Journalisten wären eine fette Beute. Tagsüber trauten sie sich nicht, noch nicht, und am Abend wurde der Eingang mit schweren Gittern verrammelt. Außerdem standen am gegenüberliegenden Ufer, in Brazzaville, zweitausend gut ausgerüstete weiße Soldaten mit schnellen Booten, bereit bei Übergriffen auf Europäer einzugreifen. Sicher fühlten wir uns dennoch nicht. Von Nacht zu Nacht nahmen die Schießereien zu. Das »Memling« kam mir vor wie ein von hungrigen Wölfen belagertes Zelt. Und wir warteten weiter auf den Einmarsch Kabilas. Dann, es war der 16. Mai, wurde direkt am Hotel auch tagsüber geschossen. Als ich zu meinem nächsten Live-Auftritt aufs Dach kam, wusste ich, wer gemeint war: wir Journalisten. Die Festung »Memling« sollte sturmreif geschossen werden. Doch das Dach war von einer soliden Brüstung umgeben. Niemand wurde verletzt.

Am Tag darauf war plötzlich Ruhe. Keiner der Soldaten war mehr zu sehen, unser Sergeant trug auf einmal Zivil. Zwei Straßen weiter zog Kabilas AFDL, die »Allianz Demokratischer Kräfte zur Befreiung des Kongo«, im Gänsemarsch stadteinwärts. Kindersoldaten die meisten, schweigend, auf dem Kopf schweres Gepäck, ernste Gesichter. Sie trafen auf keinerlei Widerstand. Den hatte es tags zuvor ein Stück flussaufwärts von Kinshasa in der Gegend des Flughafens gegeben. Ein Scheingefecht nur – aber mit vielen Toten auf beiden Seiten. Die AFDL hatte diesen Kampf als Ablenkungsmanöver inszeniert, während sich die wirkliche Kabila-Streitmacht der Hauptstadt auf ganz anderem Weg näherte: auf Schiffen. Tagelang schon war sie unbemerkt flussabwärts in Richtung Kinshasa gefahren. Und während des blutigen Scheingefechts an der Vorderseite des Flughafens waren sie unbehelligt an der Rückseite vorbeigefahren und in der Nacht zum 17. Mai direkt in Kinshasa an Land gegangen. Nicht weit davon warteten zur selben Zeit die letzten Mobutisten auf Plätze in den wenigen Booten, die es für die Flucht ans andere Ufer noch gab. Laurent-Désiré Kabila war jetzt der neue Präsident. Als erstes bekam das Land seinen alten Namen wieder: Demokratische Republik Kongo.

Manche schafften es nicht, rechtzeitig nach Brazzaville überzusetzen, auch General Eluki nicht, der Hans so manches Mal (und etliche Male auch mich) aus den Fängen habgieriger Militärs gerettet hatte. Eluki tauchte spätnachts im Schlafanzug bei Hans auf. Kabila-Leute hatten eine Gewehr-Granate in sein Haus gefeuert, um ihn auszuräuchern, und er war nur knapp entkommen – ohne Geld und ohne Pass. Aber auch Hans musste mit der Durchsuchung seines Hauses rechnen, denn seine Nähe zum Mobutu-Regime war stadtbekannt. Deshalb fuhr er den General noch in dieser Nacht im Kofferraum von Sassas Mercedes zur Deutschen Botschaft, die sich nicht zimperlich zeigte. Die Vertretung mit Residenz ist sehr schön direkt am Fluss gelegen, und die Botschaft hält für den Fall der Fälle ein stark motorisiertes Schlauchboot bereit. Aber nicht damit, sondern mit der lautlosen Pirogge einiger dafür gut entlohnter Fischer brachte Hans seinen Freund auf die andere Seite. Den zur Vereitlung solcher Fluchten am Ufer stationierten Kindersoldaten hatte er vorher zu trinken gegeben. Die waren auch bei seiner Rückkehr noch blau.

Mobutu selbst war nur Stunden vor Ausbruch der Kämpfe am Flughafen mit der ganzen Familie in seinem Flugzeug geflohen – erst in den protzigen Marmorpalast, sein Versailles im Dschungel von Gbadolite im eigenen Stammesgebiet nahe der Grenze zur Zentralafrikanischen Republik. Dann weiter nach Marokko. Bei seinem Freund König Hassan war er willkommen und sicher. Nur nach seinem Geld wurde noch lange gesucht – ohne größeren Erfolg. Kenner glauben, dass es den sagenhaften Reichtum des Diktators gar nicht gab. Er muss das Geld in genau so großem Stil ausgegeben haben, wie er es aus der Staatskasse stahl. Dabei hat er für seine persönlichen Extravaganzen wohl nur den kleineren Teil verbraucht. Viel kostspieliger waren die immer größeren Geldgeschenke, mit denen er sich den Erhalt seiner Macht erkaufte. Und so war es am Ende Geldmangel, der zu seinem Sturz führte: Mobutu konnte sich die südafrikanischen Söldner der Firma EXECUTIVE OUTCOME nicht mehr leisten, die für dreihundertfünfzig Millionen Dollar bereit gewesen sein sollen, ihm Kabilas Kindersoldaten vom Hals zu schaffen.

Knapp vier Monate später erlag Mobutu in Marokko seinem Krebs. Zweiunddreißig Jahre lang hatte er den Kongo beherrscht und ausgeplündert.

»Rumble in the Jungle«

Der legendäre Weltmeisterschaftskampf zwischen Mohammed Ali und George Foreman ist für Hans der Start seiner Afrika-Karriere

Einmal 1972, in der Blüte seiner Macht, saß Mobutu in Genf beim Diner mit seinem Vermögensberater Nicoli und anderen Gästen. »Kinshasa?«, fragte jemand, »wo bitte liegt das denn?« Mobutu war eingeschnappt, musste dann aber einsehen, dass er sich das selber eingebrockt hatte durch die »Afrikanisierung« so vieler Namen in seinem Reich. In den Schulatlanten stand noch Léopoldville statt Kinshasa, Elisabethville statt Lubumbashi, Stanleyville statt Kisangani und Kongo statt Zaire. Und der Diktator fragte in die Runde, ob jemand eine Idee habe, wie man Kinshasa in der Welt bekannter machen könne. Einer der Anwesenden, der Finanzmakler Fréderic Weymar, meinte, Mobutu solle sich doch mit Kinshasa um die Austragung der Olympischen Spiele bewerben. Das hielt selbst Mobutu für vermessen. Aber er gab Weymar die Telefonnummer seines Kabinettchefs Bisengimana und bat dort anzurufen, wenn er eine bessere Idee hätte.

Und er hatte! Ein Boxkampf als weltweit übertragenes Mega-Event – das hatte es noch nie gegeben. Als Kontrahenten natürlich zwei Schwarze: George Foreman sollte seinen Weltmeistertitel gegen den Herausforderer Muhammad Ali verteidigen. Mobutu war begeistert. Weymar ging sofort an die Arbeit. *Rumble in the Jungle* nannten sie das

Unternehmen, und es wurde ein Riesenerfolg für alle Beteiligten, finanziell sogar für den unterlegenen Boxer. Es war das dritte weitweit übertragene Großereignis nach der Krönung Königin Elisabeths II. 1953 und der Landung Neil Armstrongs auf dem Mond 1969.

Einer der Beteiligten war Hans, der für Weymar schon in anderen Gegenden der Welt ganz spezielle Aufträge zuverlässig und diskret erledigt hatte. Während so eines Geldwäsche-Einsatzes erreichte ihn in Trinidad die Order, sofort nach Los Angeles zu fliegen und den Boxpromoter Don King aufzusuchen. Der hatte gerade vier Jahre Gefängnis wegen Totschlags hinter sich, er war für diesen Kampf genau der Richtige: schwarz, skrupellos, erfolgreich. Das erste Problem war Muhammad Alis ungeheure Geldforderung: fünf Millionen Dollar. King überredete Diktator Mobutu, den größten Teil der nun für beide Boxer nötigen zehn Millionen beizusteuern. Der stahl das Geld aus einer der damals gut gefüllten Kassen des Kongo.

Inzwischen war auch Hans in Kinshasa angekommen, war zuständig für die Logistik, war der Verbindungsmann Weymars zu Don King und zu den Leuten Mobutus – bis hin zum Kabinettschef des Diktators. Hans hatte mit einem Schlag direkten Zugang zum Zentrum der Macht.

Es kam der Tag des Kampfes, der 30. Oktober 1974. Mobutu hatte zuvor auf seine Weise die Stadt auf das Großereignis vorbereitet: Das Stadion »20. Mai«, ein Geschenk des *Führers* an sein Volk, hatte er aufwändig renovieren lassen. Zur Eindämmung der wachsenden Kriminalität hatte er dreihundert stadtbekannte Gauner in die Katakomben dieses Stadions sperren lassen, hatte fünfzig wahllos unter ihnen ausgewählte erschießen und die übrigen wieder laufen lassen, damit die Geschichte sich herumsprach. Und sie sprach sich herum. Kinshasa war nun bereit für das in aller Welt mit großer Spannung erwartete Ereignis. Es siegte überraschend Muhammad Ali durch k.o. in der achten Runde. Kinshasa war mit einem Schlag weltbekannt.

Hans schätzt Weymars Gewinn an dem Kampf auf über hundert Millionen Dollar.

Hans kam nach dem Boxkampf mit zweihundertfünfzigtausend Mark in den Taschen zurück nach Essen und ließ sich als Unternehmer nieder: Herstellung von Fenstern und Türen, Jalousien und Markisen aus Kunststoff. Das lief zwar gut, aber es langweilte ihn. Deshalb machte er auch noch ein Spielcasino auf, »Der Grüne Teppich«. Hans war selber leidenschaftlicher Zocker. Gespielt wurde Seven-eleven um richtig viel Geld – und ohne Lizenz. Natürlich kam öfter die Polizei zur Kontrolle. Vorher aber, das hatte Hans so eingefädelt, kam immer ein Anruf. Dann spielten auf Kommando alle Gäste Mau-Mau. Eine schöne Zeit war das, erinnert sich Hans. Er fuhr einen Mercedes 600 und lebte auch sonst auf großem Fuß. In der Halbwelt ging es ihm gut.

Als es aber 1977 neben dem illegalen Glücksspiel noch zu einem nicht wirklich notwendigen Konkurs der Kunststofffensterfirma kam und die Sache aufzufliegen drohte, sagte Karl-Heinz Hütsch, Rechtsanwalt und Präsident von Schalke 04, »Hans, du verschwindest jetzt besser mal für ein paar Jahre aus Deutschland, und zwar schnell.« Hütsch muss das sehr eindringlich gesagt haben, denn Hans rief sofort Fréderic Weymar an: »Was soll ich machen?« Weymar war entzückt und schickte Hans mit dem nächsten Flug nach Kinshasa. Da gab es wieder Arbeit für ihn!

Mit Verlustzuweisung in den Weltraum

Bei Weymar hatte sich 1974 der Diplom-Ingenieur Lutz Kaiser gemeldet, sich als Schüler des Raketenbauers Wernher von Braun vorgestellt, dem Vater erst von Hitlers »Geheimwaffe« V2 und später der amerikanischen Trägerrakete Saturn V. Er, Kaiser, wolle eine Rakete für den Transport von Nutzlasten bis zehntausend Kilo in den Weltraum entwickeln, die viel einfacher und billiger sei als die bisher verfügbaren russischen und amerikanischen. Ein riesiger Markt. Die Ariane gab es noch nicht. Er suche ein Raketentestgelände am Äquator, am liebsten im Osten Afrikas, von dem aus er seine Versuchsraketen in den Indischen Ozean stürzen lassen könne. Ein Hochplateau im Osten Zaires wäre ideal. Und Weymar war seit dem Boxkampf bekannt für seine guten Beziehungen dort. Weymar war außerdem bekannt für sein Talent, Geld aufzutreiben. Geld brauchte Kaiser auch.

Fachleute, die Weymar nach ihrer Einschätzung fragte, darunter Kurt Debus, der bei der NASA als Direktor für die Apollo-Starts verantwortlich war, gaben dem Projekt immerhin eine 50:50-Chance. Weymar biss an und präsentierte sein Projekt dem Diktator von Zaire. Der kam zur entscheidenden Verhandlung eigens nach München. Er war fasziniert von der Idee, als einziger Staatschef in Afrika Raketen zu haben. Hans erinnert sich noch gut, wie er im Bayerischen Hof seinen goldenen Kugelschreiber senkrecht auf den Tisch stellte und die Spitze langsam in verschiedene Richtungen neigte. Ob die Rakete denn statt nach Osten zum Indischen Ozean auch nach Süden fliegen könnte oder nach Westen?

»Oui, Monsieur le Président!«

Mobutu unterschrieb einen Vertrag, den Weymar bei den Amerikanern abgeschrieben hatte. Dort war es Anfang des Jahrhunderts um die Übertragung sämtlicher Hoheitsrechte über die Kanalzone Panamas an die USA gegangen. Hier ging es um die Hoheitsrechte an dem von Kaiser gewünschten Plateau de Nyunzu in der Provinz Katanga, die von nun an der OTRAG, der »Orbital Transport AG«, zustanden.

Die OTRAG war jetzt ein Staat im Staate. Mobutus Behörden hatten dort nichts mehr zu sagen. Die Firma baute in der unbewohnten Wildnis als erstes eine Start- und Landebahn, die sie mit ihrer eigenen Boeing 707 und kleineren Transportmaschinen von überall in der Welt direkt anfliegen konnte. Kein Zoll und keine Passkontrolle, man konnte schalten und walten wie damals die Amerikaner in der Kanalzone von Panama.

Hans, heute noch voller Bewunderung für diesen Fréderic Weymar: »Da musste erst mal einer drauf kommen!« Hans also, dem in Deutschland das Pflaster zu heiß geworden war, wurde Generalsekretär der OTRAG, hatte den Ministaat im Staate politisch zu repräsentieren, war viel unterwegs, musste außerdem regelmäßig Weymar Bericht erstatten in London oder Monaco.

»Mann, was bin ich damals viel geflogen – und immer Erster Klasse.«

Nur Deutschland hat er ein paar Jahre lang gemieden, weil dort sein Konkurs noch nicht abgewickelt war. Im Kongo interessierten sich inzwischen die Geheimdienste Israels und der USA für ihn. Sogar die Schlapphüte der Franzosen beschatteten Hans. Die seien besonders stümperhaft vorgegangen.

»Die hatte ich hier alle am Bein«, erzählt er und freut sich noch heute, wie wichtig er damals war. Deshalb kümmerte sich auch der Geheimdienst Mobutus um ihn, achtete darauf, dass ihm die fremden Agenten nicht zu nahe kamen. Es waren aufregende Zeiten.

Vorsitzender des Aufsichtsrats der OTRAG wurde Kurt Debus, der bei der NASA inzwischen das Rentenalter erreicht hatte.

Lutz Kaiser, jetzt Technischer Direktor, wollte seine Rakete auf diesem Gelände entwickeln und zur Serienreife bringen. Zweiunddreißig Versuchsstarts sollten reichen bis zum ersten kommerziellen Einsatz. Später sollte ein wiederverwendbares Raumfahrzeug folgen.

Kaiser konnte seine Ideen sehr überzeugend darstellen. Die Leute waren begeistert. Hans war nicht der Einzige, der fest an ihn glaubte. Leicht fanden sich Geldgeber für das Projekt – die allerdings kein Risiko eingingen. Max Streibl hatte dafür gesorgt, dass das Finanzamt Rosenheim die OTRAG als Abschreibungsgesellschaft anerkannte. Über Verlustzuweisungen bekamen die allesamt besserverdienenden Investoren ihr Geld vom Finanzamt zurück, vom deutschen Steuerzahler also. So konnte Weymar fast spielend vierhundertvierzig Millionen Mark für die OTRAG einsammeln. Von den Anlegern kamen viele persönlich angereist, wollten sehen, worin sie da investierten. Es waren so viele, dass die OTRAG für ihre Unterbringung in Kinshasa ein Hotel kaufte, das »Okapi«, sehr schön auf einer Anhöhe am Rande der Stadt gelegen.

Die OTRAG-Story klingt so abenteuerlich, so unglaublich, dass ich sie Hans so einfach nicht abgenommen hätte. Aber ich habe in den siebziger Jahren etliche Male selber im »Okapi« gewohnt. Und einmal, da kannte ich Hans noch nicht, habe ich unter ziemlich seltsamen Umständen auf dem Testgelände der OTRAG fürs *ZDF* gedreht: Linienflug von Kinshasa nach Lubumbashi, Hauptstadt der Provinz Katanga, das entspricht etwa der Strecke Kopenhagen–Tunis. Dort hatte ich mich beim deutschen Inhaber einer obskuren Firma zu melden. Der prüfte, ob ich mit meinem Kameramann würdig, also vertrauenswürdig sei, und erteilte eine Art Visum. Dann brachte uns ein Lufttaxi zu dem geheimnisvollen Plateau. Es war eine kleine, feine deutsche Kolonie mitten in einem afrikanischen Staat – so groß wie die neuen Bundesländer zusammen. Die Menschen, die Sprache, die Gästezimmer, das Essen, das Bier, die Autos, die Flugzeuge – alles war deutsch. Ich rieb mir die Augen, so unwirklich schien das alles.

Ein neuer Raketentest stand bevor. Mobutu wollte selber dabei sein. Deshalb mussten wir sofort wieder verschwinden. Noch bevor Mobutu landete, wurden wir in einen Learjet mit Schweizer Kennzeichen gebeten und zurück nach Kinshasa geflogen. Wir durften aber eine Rolle Film dalassen, auf der man den Start für uns drehen und die Rolle dann beim *ZDF* in Wiesbaden abliefern wollte. Die Rolle kam wirklich und wurde entwickelt. Zu sehen war ein Fehlstart, eine Rakete, die nur müde abhob und sich bald schon in den Boden bohrte. Die Aufregung der Nachbarstaaten über Mobutus Raketenambitionen schien unbegründet. Sie ließ aber nicht nach.

Bis 1978 der Raketenzauber ganz unerwartet endete – nach einem Staatsbesuch Mobutus beim deutschen Kanzler Helmut Schmidt. Der überzeugte Mobutu, dass er doch mit seinem Raketenbastler Kaiser sich selber, aber auch den Deutschen außenpolitisch nur schade. Mobutu zeigte sich einsichtig und versprach, die Sache zu beenden. Schmidt hatte ihm dafür die Verdopplung der Entwicklungshilfe versprochen. Für Geld war Mobutu immer zu haben. Hans ist überzeugt, dass der Kanzler damit auch dem Bayern Strauß noch eins hatte auswischen wollen. Nicht zufällig hatte Mobutu seinen Vertrag mit der OTRAG in München unterschrieben. Und nicht zufällig war es ein bayerisches Finanzamt, das die Investoren der Firma so großzügig bedachte.

Die OTRAG starb einen stillen Tod. Generalsekretär Hans wurde in die *Présidence* einbestellt und erfuhr von Mobutus Kabinettschef, dass die Raketen-Aktivitäten sofort einzustellen seien. Order des Präsidenten! Der Raketenbau wurde gestoppt. Die Anleger – beziehungsweise die deutschen Steuerzahler – verloren ihr Geld vollständig. Hans glaubt heute noch, dass Kaisers Raketen ein Erfolg geworden wären, wenn sich Helmut Schmidt nicht eingemischt hätte. Kaiser versuchte danach, seine Rakete in Libyen weiter zu entwickeln. Dort verliert sich seine Spur.

Wie er eigentlich die Kurve gekriegt habe zum Kabila-Regime, frage ich Hans.

»Durch Zufall – schon am ersten Abend, als der Kabila hier gerade einmarschiert war.« Ich sei doch selber dabei gewesen, abends in der Bar des »Memling«, als uns ein Schwarzer ansprach.

»Ihr seid Deutsche? Ich auch!«

Dann zeigte er auf das Mobiltelefon, das nach afrikanischer Manier vor uns auf dem Tisch stand, damals hatte man hier noch die großen »Knochen« von Motorola.

»Kann man damit bis nach Berlin telefonieren?«

»Sicher«, sagte Hans.

»Ich bin der Bruno, Bruno Lulua, heute hier mit einmarschiert, ich werde jetzt der neue Minister für Öffentliche Arbeiten, für Straßenbau und so. Könnte ich mal meine Frau in Berlin anrufen?«

Bruno kam mit den kleinen Tasten des Telefons nicht zurecht, hatte auch vom *Tembo*, dem starken Bier aus Katanga, schon einiges getrunken.

»Mach mir das mal!« Hans wählte und horchte.

»Hallo?«

»Tag, Frau Lulua ...«

»Wer sind Sie?«, kam es streng und schneidend aus Berlin.

»Ich geb Ihnen mal Ihren Mann.«

»Wo ist der Penner? Das Dreckschwein ist schon Monate weg!«

»Ja, wir sind hier im Kongo.«

»Wo?« Kinshasa kannte sie auch nicht.

»Was fürn Ding?«

Hans blieb geduldig: »Hier war eine Rebellion,

Ihr Mann ist hier mit einmarschiert, und übrigens wird er hier Minister.«

»Wie, der und Minister?« Sie lachte. »Der Penner Minister? Was denn für'n Minister?«

»Für Öffentliche Arbeiten.«

»Arbeiten hat der doch noch nie gekonnt! Der ist doch zu dumm, einen Nagel in die Wand zu schlagen, der Penner. Ist der wirklich da?«

»Ja ja, Moment!«

Bruno nahm das Telefon und meldete sich, da ergoss sich aus Berlin ein so wüster Redeschwall über ihn, dass er wortlos Hans das Telefon zurückgab, und Hans drückte ganz schnell auf Rot.

Bruno wurde wirklich Minister für Öffentliche Arbeiten. Zwei Wochen nach dem Telefonat traf ihn Hans bei seinem Freund Dieter Haag, dem Chef der Mercedes-Niederlassung. Bruno kaufte sich gerade einen nagelneuen Geländewagen 350 GD für hundertsechzigtausend Mark. Am schnellen Reichtum von neu ernannten Ministern hat sich auch unter Kabila nichts geändert.

Mit Bruno fand Hans rasch Zugang zum Kabila-Regime, lernte bald noch François kennen, der auch fließend Deutsch spricht. François Olengha ist General. Der gerade zum Kabinettschef ernannte She Okitundu ist sein Vetter. Für Hans war der Übergang perfekt von der alten Diktatur zur neuen.

Bruno hat seine Frau nicht nach Kinshasa geholt, er hat sie nie wieder gesehen. Er ist zwei Jahre später in Brüssel gestorben – an Aids.

Es wird nicht spät an diesem Abend. Hinter den hohen Mauern mit dem Stacheldraht, hoffentlich bewacht von einem der Wächter, schlafe ich im vergitterten Gästezimmer der »Villa Kasahama«. Die erste Nacht. Ich kann mich noch gut an meine allererste Nacht in Afrika erinnern, 1968 in Biafra. Da war auch Krieg um Bodenschätze.

Mittwoch, 9. März 2005
In Ituri nichts Neues

Im Länderdreieck Kongo/Sudan/Uganda wütet weiter der Krieg um Gold, Diamanten, Coltan, Zinn und vermutetes Öl

Es ist halb neun, ich habe leidlich geschlafen. Hans schläft noch. Chauffeur Daniel wienert den Jeep, der Gärtner säubert die Treppe zur Veranda, der Wächter döst in der Sonne, Hausboy Matu hat Waschtag – ohne Waschmaschine. Vorher hat er für Hans und für mich das Frühstück vorbereitet. Eigentlich nur für mich, denn für Hans steht da nur Nescafé, heißes Wasser, Dosenmilch, Zucker, Aspirin, ein Mittel für die Venen und eins für die Prostata – und der große Aschenbecher.

Sassa ist mit ihrem Benz schon unterwegs zu ihrer neuen Modeboutique. Die alte war 1991, noch zu Zeiten Mobutus, ein Opfer der großen Plünderung geworden. Jetzt kleidet sie die Frauen der neuen Machthaber ein. Die sind zwar mit ebenso viel gestohlenem Geld gesegnet wie ihre Vorgängerinnen, aber sie sind längst nicht so modebewusst. Sie legen größeren Wert auf luxuriöse Limousinen.

Der Einkauf funktioniert noch wie früher: Mit bis zu sechs großen leeren Koffern und einem Bündel Dollar fliegt sie nach New York. Dort findet sie die Mode speziell für schwarze Frauen, wie sie in Kinshasa gefragt ist: bonbonfarbene Flatterware mit riesigen (Hans sagt »großvolumigen«) Ober- und Gesäßweiten. Auf dem Hinflug zahlt sie ihr Übergepäck nach Gewicht, auf dem Rückflug nach Stückzahl. Und wie sie bei der Ankunft in Kinshasa ihre Ware durch den Zoll kriegt, hat sie Hans bis heute nicht verraten.

Wie Sassa gehen viele *Mamas Commerçantes* des Kongo in aller Welt auf Einkaufstour. Der ganze Einzelhandel ist hier fest in Frauenhand. Die meisten schleppen ihre Ware aber nicht in Koffern her, sondern lassen sie per Luftfracht oder Schiff in Containern kommen. Ohne diese Frauen bräche die Versorgung zusammen.

Während ich weiter auf Hans warte, höre ich *Radio Okapi* mit den Nachrichten: »Der Informationsdirektor der ›Monuc‹ (der UNO-Blauhelmtruppen im Kongo), Kemal Saiki, hat heute auf der wöchentlichen Pressekonferenz in Kinshasa erklärt, dass seine Organisation eine Untersuchung in Loga eingeleitet hat, wo Blauhelmsoldaten nach eigenen Angaben bei einer Militäroperation am 1. März etwa sechzig Milizionäre getötet haben. Einwohner von Loga hatten versichert, dass bei der Militäroperation auch Zivilisten ums Leben gekommen seien. Kemal Saiki forderte die kongolesische Regierung auf, angesichts der fortgesetzten Gräueltaten in Ituri, ihr Schweigen aufzugeben und festzulegen, was mit denen geschehen soll, die den Friedensprozess sabotieren. Die Regierung müsse die Erklärung des Sicherheitsrates der UNO vom 2. März 2005 ernst nehmen, in der dieser seine Besorgnis gegenüber den illegalen und kriminellen Aktivitäten der Milizen in Ituri und ihrer militärischen und politischen Anführer zum Ausdruck gebracht hat.«

In der Nacht hatten Hans und die beiden anderen Besucher noch versucht, mir die komplizierte Lage zu erklären:

Der Distrikt Ituri liegt im äußersten Nordosten des Kongo, am Albert-See im Länderdreieck Kongo-Sudan-Uganda. In dieser Gegend mit der Hauptstadt Bunia ist seit 1996 fast ununterbrochen Krieg. Zuerst waren es Truppen aus Ruanda, die hier mordend und vergewaltigend durchzogen auf dem langen Weg nach Kinshasa, um dort 1997 Kabila und seiner AFDL beim Sturz Mobutus zu helfen. Kabila hatte Ruanda und auch Uganda reiche Beute als Lohn für ihre Hilfe versprochen. Kaum war er aber an der Macht, kündigte er den Pakt und verlangte von den Ruandern, sein Land wieder zu verlassen. Darauf kam es 1998 im Osten des Kongo, in den Regionen, die an Uganda, Ruanda und Burundi grenzen, zur bewaffneten Rebellion gegen Kabila. Jetzt wollten sich die geprellten Nachbarn ihre Beute mit Gewalt holen. Und sie wollten Kabila stürzen. Doch der hatte sich Verstärkung aus Angola und Simbabwe geholt. Schließlich kämpften auf dem Boden Ituris auch noch die Armeen und Milizen der ehemaligen Verbündeten Uganda und Ruanda gegeneinander. Zeitweise waren im Kongo reguläre Truppen aus sieben afrikanischen Staaten und zahllose einheimische Milizen in Kämpfe verwickelt. Hier tobte der dritte Weltkrieg. Es war der erste Krieg einer neuen, der »Dritten Art«: ein Krieg ohne feste Fronten, ohne zentrale Kommandostrukturen; selbsternannte Kriegsherren bestimmten das Geschehen. Gekämpft wurde um die Kontrolle über möglichst große Teile des zerfallenden reichen Riesen, besonders um die Lagestätten der Bodenschätze – aber auch um die Macht im jeweils eigenen Land. Auf Seiten Kabilas waren außer Angola und Simbabwe noch Namibia und der Tschad beteiligt, während Uganda, Ruanda und Burundi (keineswegs uneigennützig) kongolesische Rebellionstruppen unterstützten. Dreieinhalb Millionen Menschen kamen bis 2002 im Kongo ums Leben, die weitaus meisten waren Zivilisten. Im Sommer 2006 haben zwar die fremden Truppen den Kongo längst wieder verlassen, aber es ist kein Friede. Die Zahl der Kriegstoten ist inzwischen auf mehr als vier Millionen gestiegen. Und das Töten geht weiter. Auffällig ist, dass die Regierenden des Kongo auch 2006 selber nicht wirklich etwas zur Beendigung des Krieges unternehmen.

Wer ließ Kabila erschießen?

Am 16. Januar 2001 wurde »der Dicke«, Laurent-Désiré Kabila, selber Opfer dieses Krieges. Im Präsidentenpalast in Kinshasa wurde er von einem Mitglied seiner Leibgarde erschossen. Nur zehn Tage später bestieg sein Sohn Josef den Präsidentensessel dieser »Demokratischen« Republik und wurde auch Oberster Befehlshaber der Streitkräfte. Er war gerade neunundzwanzig Jahre alt. Seinem Vater haben im Kongo nicht viele nachgeweint. Der war ein noch schlimmerer Despot als vor ihm Mobutu.

»Der hat in drei Jahren mehr verbrochen als Mobutu in dreißig«, sagt Hans.

Unter ihm durften die Bürger keine Dollar besitzen und nicht mehr ins Ausland reisen. Fand man bei jemandem auch nur zehn Dollar, so wurde er als Volksverräter öffentlich an den Pranger gestellt. Der lächerliche Franc Congolais, versprach Kabila, werde bald stärker sein als der Dollar. Eine Hochgeschwindigkeitsbahn quer durch das Land werde man bauen und eigene Flugzeuge. Kabila hatte jeden Kontakt zur Wirklichkeit verloren. In Wirklichkeit war nämlich das Land im Bürgerkrieg und auf rasender Talfahrt.

Der Todesschütze wurde »auf der Flucht« erschossen, konnte nichts mehr verraten über die Auftraggeber des Mordes. Sie sind bis heute nicht bekannt. Nur einige unbedeutende Mittäter wurden eingesperrt – aber überaus luxuriös in einem eigens für sie errichteten Trakt der Haftanstalt von Kinshasa, und ihre Frauen verfügen über auffällig viel Geld. Dollars bündelweise. Hans weiß das, weil diese Frauen in Sassas Modeboutique einkaufen.

Rebellen überall – und gierige Nachbarn

Es war also Krieg im Kongo, als Josef Kabila 2001 den Präsidentensessel übernahm, doch dieser Sessel stand auf wackligen Füßen. Die Lage besonders im rohstoffreichen Norden und Osten des Kongo war unübersichtlich, ja verwirrend, denn sie änderte sich auch noch ständig: Dort herrschte nicht Kabilas Regierung, sondern die mit Ruanda verbündete Rebellenbewegung RCD (»Kongolesische Vereinigung für Demokratie«). Die aber musste einen Teil der Macht und der Pfründe mit einer Abspaltung teilen, der RCD-ML. Das »ML« steht für »Mouvement de Libération«, eine »Befreiungsbewegung« also. Die »Befreier« gehörten zu den Völkern der Bahunde und der Nande. Sie kontrollierten die Grenze nach Uganda, kassierten Zoll für alle Waren, die in jedweder Richtung die Grenze passierten und waren auch sonst nicht zimperlich bei der Wahl ihrer Einkommensquellen. Mit der RCD-ML verbündete sich zeitweise die Miliz des Lendu-Volkes, die FNI, »Front der Nationalisten und Integrationisten«. Die FNI wurde von Uganda unterstützt, ebenso die Miliz des Ngiti-Volkes. In derselben Region operierten daneben noch die Milizionäre der FAPC, der »Volksarmee des Kongo« und die der APC, der »Armee des kongolesischen Volkes«. Ferner kämpften im Osten die Milizen vom Volk der Hema mit ihrer PUSIC, der »Partei für Einheit und Schutz der Integrität des Kongo«, gegen die Miliz vom Volk der Lendu in der FRPI, der »Patriotischen Widerstandskräfte in Ituri«. Eine weitere Hema-Miliz war die zunächst von Uganda und später von Ruanda unterstützte UPC. Und dann war da noch die nach der RCD zweitgrößte Rebellenbewegung, die mit Uganda verbündete MLC, die »Kongolesische Befreiungsbewegung«. Sie beherrschte den ganzen Norden des Kongo, ein Drittel des Landes. Da blieb für Kabila mit seiner PPRD (»Volkspartei für Wiederaufbau und Entwicklung«) nur die Hauptstadt Kinshasa, das flussabwärts angrenzende Bas-Congo, ein Teil Katangas im Osten und das Diamantengebiet um Mbuyi Mayi – zusammen der deutlich kleinere Teil des Landes.

Hinter den Fassaden fast aller Parteien, Bewegungen, Armeen und Milizen, die sich mit so edlen Begriffen schmücken wie Demokratie und Freiheit, Unabhängigkeit, Wiederaufbau und Entwicklung, verbergen sich kriminelle Vereinigungen, die neben den eigenen auch noch die Interessen ausländischer »Schutzmächte« verfolgen.

Hans war gestern Abend richtig empört, als wir auf diese »Parteien« zu sprechen kamen. »Die sind alle korrupt und schwer kriminell!« Nur bei der Beurteilung seiner Freunde von der Kabila-Fraktion hielt er sich merklich zurück.

Jérôme und das Gold

Im äußersten Nordosten des Kongo, noch nördlich von Ituri, liegt direkt an Uganda grenzend der Distrikt Haut Uélé mit der Goldgräberstadt Durba. Die ergiebigen Minen dort sind Krater von bis zu einigen hundert Metern Durchmesser. In den Wänden der terrassenförmigen Trichter sind menschliche Förderbänder am Werk: Männer schaufeln den Aushub von ganz unten zum jeweils eine Stufe höher postierten Glied der Kette und schaffen ihn so von Mann zu Mann über zwölf und mehr Stationen bis an den oberen Rand der Mine, wo dann das Gold herausgewaschen wird. Die Arbeit lohnt sich. Jedenfalls für den, der hier das Sagen hat.

Deshalb war Durba während des Bürgerkrieges heiß umkämpft. Um die Stadt mit den Goldminen stritten sich zunächst die »Demokraten für die Befreiung des Kongo« RCD-ML, die »Nationalen Demokraten« RCD-National und die »Befreier des Kongo« MLC. 2003 bemächtigte sich schließlich die »Armee des Volkes« FAPC unter Kommandant Jérôme der Stadt. Der hatte dort zuvor schon einmal das Kommando, da gehörte er noch zum RCD-ML, wurde aber im September 2002 von

Kämpfern einer Koalition aus RCD-National und MLC vertrieben. Er zog sich zurück ins nahe Aru, nahm dort gewaltsam den Grenzposten ein und begnügte sich mit dem Kassieren von Zoll auf alle Waren, die von und nach Uganda die Grenze passierten. Aber nicht lange. Bald zog er südwärts und eroberte gemeinsam mit den »Kongolesischen Patrioten« der UPC das Städtchen Mongbwalu, trennte sich aber schon bald wieder von der UPC, gründete seine eigene Miliz, die FAPC. Die verbündete sich mit der FNI (»Front der Nationalisten und Integrationisten«). Mit der kam es 2004 zum Streit um die Kontrolle über die Goldminen von Djalasiga. Man trennte sich, und Jérôme verbündete sich erneut mit der UPC. Immer treu blieb er allein seinen Freunden der UPDF (»Ugandan Peoples Defence Force«), den ugandischen Militärs. Die versorgten ihn nachweislich in den Jahren 2002 bis 2004 und mutmaßlich auch danach mit Waffen und Munition, die sie einfach aus dem ugandischen Arua über die Grenze ins kongolesische Aru brachten. Und als es 2004 für Kommandant Jérôme einmal eng wurde, schickte Uganda auch Soldaten.

Jérôme – wie auch seine ugandischen Freunde – hatte nur ein Kampfziel: Gold. Dazu brauchte er die absolute Kontrolle über das Gebiet mit den Minen. Die sicherte er sich ohne Skrupel. Wer ihm im Weg stand, wurde beseitigt. Schon der Verdacht, man könne Sympathisant etwa seines Rivalen Colonel Monga sein, bedeutete den Tod. Mitte 2002 geriet in Durba der Zivilist Anygobe in diesen Verdacht. Jérômes Leute zerrten ihn aus seiner Hütte, die Nachbarn hörten seine Schreie. Vergeblich bot die Mutter zwei Ziegen, damit sie ihn am Leben ließen. Anygobe wurde erschossen und in die Latrine geworfen. Die Leute in Durba können viele solcher Geschichten erzählen.

Jérôme ist heute ein reicher Mann. 2004 baute er sich im Städtchen Ariwara sein erstes Hotel.

Schnellen Reichtum verspricht auch Coltan, das wahrscheinlich wertvollste Erz der Welt. Es kommt nur an ganz wenigen Stellen vor – darunter im Osten des Kongo. Man kann daraus die Metalle Tantal und Niob gewinnen. Tantal schmilzt erst bei knapp dreitausend Grad und ist extrem leitfähig. Es wird in der Raumfahrt gebraucht, steckt in Handys, Mikroprozessoren und Kondensatoren. Der Hightech-Rohstoff ist so gefragt, dass im Jahr 2000 für einen Fünfzig-Kilo-Sack Coltan vierzigtausend Dollar gezahlt wurden. Drei Jahre später waren es gut zweitausendfünfhundert Dollar – immer noch genug, nicht nur Glücksritter und Kriminelle aus den Nachbarländern Uganda und Ruanda anzulocken, sondern sogar die regulären Streitkräfte von dort. Sie begannen ihren Raubzug in die rohstoffreichen Regionen des Kongo im August 1998. Und sie wollten nicht nur Coltan, sondern auch Diamanten, Gold, Holz, Vieh … Und das wollen sie auch 2006 noch.

2001 organisierten Offiziere der »Ugandan Peoples Defence Force« (UPDF) noch persönlich den Coltan-Abbau im Kongo, machten sich dabei aber nicht selber die Hände schmutzig. Sie ließen graben.

Hans hatte mir letzte Nacht noch die Geschichte des ugandischen Obersten Muzora und seines Kollegen Oberst Burundi erzählt. Unter deren Kommando sei es in Ituri zugegangen wie in den Goldgräberfeldern des vorletzten Jahrhunderts.

»Ekelhaft! Sklaverei war das.«

Die Ugander ließen Einheimische nach dem Coltan graben. Die mussten graben, denn sie hatten Hunger. Bewaffnete trieben von jedem eine tägliche Gebühr ein und sorgten dafür, dass die Ausbeute zu einem lächerlich niedrigen Preis vollständig bei den ugandischen Obristen landete. Unter der Oberaufsicht ihres Chefs, des General Majors Kazini, brachten die Offiziere das ergaunerte Erz in ihren Geländewagen über die Grenze nach Uganda. Kazini vertrat nebenbei die Interessen der amerikanischen Firma »Trinity Investment«, an der er beteiligt war.

2002 waren es die Russen Valentina Piskunova und ihr Mann Anatoly, die von Kampala aus das Geschäft mit dem geraubten Coltan organisierten. Im Kongolesischen Butembo kauften sie unter ihrem Firmannamen LA CONMET das Erz für den Spottpreis von zehn Dollar pro Kilo ein, brachten es in privaten Autos unter militärischem Schutz über die ugandische Grenze, lieferten es am internationalen Flughafen Entebbe ab und verdienten dabei pro Kilo sieben Dollar. Ein Dokument befreite sie von sämtlichen Abgaben und Steuern auf kongolesischer Seite. Das kongolesische Dokument war am 5. Januar 2000 in Kampala »ausgestellt« – von der »Kongolesischen Bewegung für Demokratie, Abteilung Kisangani«, unterschrieben von Mbusa Myamwisi, einem jener Kongolesen, die zum eigenen Nutzen die Reichtümer ihres Landes ins Ausland zu verschieben halfen.

Die Sonderermittler der Vereinten Nationen, erzählt mir Hans, haben auch die weiteren Einzelheiten dieses organisierten Diebstahls genau dokumentiert: In Entebbe landete in unregelmäßigen Abständen eine betagte Boeing 707, um das kongolesische Coltan abzuholen. Die Reise ging zuerst nach Sharja in den Vereinigten Emiraten zum Aufteilen der Beute. Über ihre Tochterfirma »Eagle Wings Recources International« lieferte »Trinity Investment« ein Viertel des Erzes nach Ulba in Kasachstan, ein weiteres Viertel nach Ninxia in China, und fünfzehn Prozent erhielt die deutsche Firma H.C. STARCK & CO. KG, ein Tochterunternehmen der BAYER AG. Während die Amerikaner ganz ungeniert mit der Kriegsbeute Handel trieben, unternahmen die Deutschen große Anstrengungen, die illegale Herkunft ihres Rohmaterials zu verschleiern.

Im kleinen Ruanda erreichten zur selben Zeit die Exporterlöse für geraubtes Coltan den stolzen Wert von zwanzig Millionen Dollar pro Monat. Es lohnte sich also, mit relativ geringen Mitteln den Krieg im Kongo in Gang zu halten – und es lohnt sich noch immer.

Während man 2003 im Kongo offiziell begann, demokratische Wahlen vorzubereiten, die zu einem Ende der chaotischen Zustände führen sollen, verschlechterte sich im Nord-Kivu, dem Schürfgebiet für Coltan, die Lage der Bevölkerung dramatisch. Immer wieder lieferten sich Milizen der traditionell verfeindeten Stämme der Hema (Viehzüchter) und der Lendu (Ackerbauern) erbitterte Kämpfe. Später stellte sich heraus, dass die ugandische Armee beide Stämme mit Waffen und Munition versorgt hatte.

Immer wieder gelang es dem plündernden Nachbarn, für ihr schmutziges Geschäft kongolesische Helfer zu gewinnen. In Bunia zum Beispiel die Familie Savo vom Gegere-Clan des Hema-Volkes. Als Fuhrunternehmer verdienten sie daran, dass sie das von ugandischen Soldaten oder von Hema-Milizen geraubte Diebesgut nach Uganda fuhren. Sie fuhren Agrarprodukte, Tropenholz und lebendes Vieh, das ugandisch unterstützte Hema-Milizen von den Weiden entführt hatten, zum Teil auch ugandische Soldaten. Die verdienten sich noch ein Zubrot, indem sie den kongolesischen Viehzüchtern gegen regelmäßige Zahlungen Schutz vor genau den Überfällen anboten, die sie selber verübten.

Ruanda hatte sich gleich zu Beginn des Krieges der Diamantenminen rund um Kisangani bemächtigt. Das eigens hierfür eingerichtete Congo-Desk in Kigali beaufsichtigte die Geschäfte. Die Ruander verdienten damit gigantische Summen. Die schmutzige Arbeit überließen sie den Kongolesen von der Rebellenorganisation RCD-Goma. Die konnten dafür immer mit Hilfe aus Kigali rechnen beim Erhalt ihrer Macht im Osten des Kongo.

Nach diesem zynischen Prinzip beuten Uganda und Ruanda auch 2006 den Osten des Kongo noch aus. Und weil ihre kongolesischen Helfer inzwischen sogar in der Regierung von Kinshasa vertreten sind, funktioniert der Raub fast reibungslos. Wichtig ist nur, dass der Krieg nicht nachlässt. Frieden und Demokratie würden das Ende der guten Geschäfte bedeuten. Für Uganda und Ruanda, für ihre Partner in der Regierung – und auch für Hans.

Dabei hatte die UNO nach Kriegsausbruch 1998 sofort reagiert, hatte die Aggressoren ermahnt, sich doch zurückzuhalten. Vergeblich. Auch neunzig UN-Verbindungsoffiziere, die im August 1999 bei allen Kriegsteilnehmern eintrafen, erreichten nichts. New York erhöhte noch im selben Jahr auf fünfhundert Militärbeobachter. Doch es wurde weiter gemordet – ab jetzt unter Aufsicht der UNO.

Erst im September 2002 begannen Uganda und Ruanda unter internationalem Druck mit dem Rückzug ihrer regulären Truppen aus dem Kongo. Aber auch das beendete weder den Krieg noch das Plündern, denn beide Nachbarländer hatten inzwischen kongolesische Helfer ausgebildet und bewaffnet: ihnen treu ergebene Milizen, sogar ganze Rebellenarmeen, angeführt von kongolesischen Kriegsherren. Sie nannten sich RCD-Goma, RCD-Kisangani, RCD-N, RCD-K/ML, Maï Maï, MLC. Dazwischen der junge Josef Kabila mit den Resten der Rebellenarmee seines ermordeten Vaters.

Die UNO beschloss im Dezember 2002, ihre Truppen auf 8.700 Mann aufzustocken und erreichte fast gleichzeitig mit südafrikanischer Vermittlung einen Friedensschluss aller Bürgerkriegsparteien samt der politischen Opposition. Alle Kriegsparteien, also Kabila und die im Bürgerkrieg gegen ihn und gegeneinander kämpfenden Kriegsherren, vereinbarten, gemeinsam eine Übergangsregierung zu bilden und den Kongo bis 2005 durch freie Wahlen zu einer friedlichen Demokratie zu machen. Aber das Abkommen trat erst einmal nicht in Kraft. Stattdessen ließen schon zwei Wochen später die Warlords Bemba und Lumbala wieder bestialisch morden. Außerdem wurden im Kongo erneut ugandische und ruandische Truppen gesichtet. Von Frieden keine Spur. Die UNO stationierte sechshundert Blauhelme in Ituris Hauptstadt Bunia, nachdem von dort ein UN-Helikopter beschossen worden war.

Am 15. Mai 2003 schlachteten Milizionäre der UPC und der Lendu vor dem Quartier und vor den Augen dieser sechshundert Blauhelme vierzehn Zivilisten ab und verletzten hundert – die meisten Toten und Verletzten waren Frauen und Kinder. Die Blauhelme notierten tapfer, was sie sahen. Mehr taten sie nicht – und wurden deshalb zum Gespött der Weltpresse und zu einem Ärgernis für New York.

Die UNO beschloss, endlich Zähne zu zeigen. Die Blauhelme bekamen ein robustes Mandat, und ihre Zahl wurde bis 2006 in immer größeren Schritten bis auf siebzehntausend Mann erhöht. Zum Frieden aber hat selbst das nicht geführt. Denn diese siebzehntausend Asiaten, Latinos und Südafrikaner sind hier nicht sonderlich gefürchtet. Respekt haben die afrikanischen Kriegsherren allein vor Europäern. Entscheidend für das Ausbleiben des Friedens ist aber die Regierung des Kongo. Sie sorgt dafür, dass die Friedensbemühungen der UNO immer nur so weit gehen, dass sie die guten Geschäfte mit den Rohstoffen nicht stören.

Leben mit Krieg und Korruption

Bei Hans zu Hause: Kolonialherrenstil

Nach dem Frühstück noch immer allein, höre ich weiter *Radio Okapi*: »Die Unternehmer in Goma drohen mit der Organisation eines Generalstreiks in der Stadt. Sie haben dem Gouverneur ein Ultimatum mit ihren Forderungen übermittelt. Grund für die Drohung sind die zahlreichen Belästigungen durch Steuern und Gebühren. Die Unternehmer wollen nur noch an vier offizielle Stellen Steuern oder Gebühren entrichten. Im Moment gibt es mehr als fünfundzwanzig Stellen, die Steuern oder andere Abgaben verlangen. Bei dieser Gelegenheit stellen die Unternehmer auch fest, dass die Provinz pro Monat circa zwei Millionen Dollar einnimmt, die Straßen aber nach wie vor nicht repariert werden.«

Hans erscheint im Bademantel, zündet einen Zigarillo an und macht sich Kaffee.

»Radio Okapi ist das Beste, was die UNO bis jetzt für dieses Land getan hat.« Den Einsatz der Blauhelme hält er für eine Farce.

Manchmal würde Hans am liebsten abhauen, raus aus dem Kongo und weg – auch von seiner schwarzen Frau. Aber zuerst muss er noch mal richtig Geld verdienen, und es läuft zur Zeit ganz gut für ihn. Nach zwei Zigarillos holt er die erste Havanna aus ihrer Aluminiumröhre.

»Davon ziehe ich mir im Monat für fünfzehnhundert Dollar rein.«

Es wird Mittag. Sassa ist wieder da und kocht

ein kleines, feines Mittagessen: Fisch und Gemüse – für sich allein.

Getrennte Küche also. Jetzt muss er erst mal für die Länge einer weiteren Zigarre an die Sonne, wegen seines Rheumas. Seit acht Uhr ist das Handy eingeschaltet. Wer aber vor elf Uhr anruft, muss einen verdammt guten Grund dafür haben. Ein Festnetztelefon gibt es nicht, es gibt im ganzen Land kein Festnetz mehr – abgesehen von einem kleinen privaten Netz für Händler, die Standleitungen ins Ausland brauchen. Auch Mobilfunk ist ein großes Geschäft im Kongo. Ohne Festnetz-Konkurrenz! Die Preise sind gesalzen. So geht ein Großteil der Kaufkraft fürs Telefon drauf. Für Hans ist das kein Thema. In seinem weißen Bademantel sitzt er auf einem weißen Gartenstuhl aus Plastik in der Sonne. Auf der kleinen Grünfläche zwischen dem Haus und der hohen Mauer mit dem Stacheldraht erledigt er in einer Stunde sein Tagespensum an geschäftlichen Absprachen. Den Rest des Tages verwendet er für die Pflege seiner Kontakte, seinem größten Kapital.

Wo sonst in der Welt könnte er mit dem Aufwand rund zweihunderttausend Euro im Jahr verdienen. Steuerfrei. Niemand zahlt hier Einkommensteuer. Hans exportiert Tropenholz nach Europa, teils in ganzen Stämmen, teils gesägt in handelsübliche Dielen. Er hat sich auf Wenge spezialisiert, ein dunkles hartes Holz, das nicht schwimmt, also den Kongo abwärts nicht geflößt werden kann, sondern auf Pontons verladen werden muss. Hans kauft nur legal geschlagenes Holz, betont er, zahlt alle Abgaben und Steuern, das Sägewerk, den Fuhrunternehmer für die dreihundertfünfzig Kilometer zum Seehafen Matadi.

Der liegt hundertfünfzig Kilometer von der Kongomündung landeinwärts und ist von Kinshasa nur über eine Straße zu erreichen, weil der Kongo auf diesem Abschnitt nicht schiffbar ist. Auf dem langen Weg vom Wald bis zum Dampfer ist außerdem ständig Schmiergeld fällig. Es ist nämlich so, dass der Staat, der in der Hauptstadt offiziell alle Steuern einnimmt, draußen im Land nicht etwa seine Beamten damit bezahlt. In Kinshasa versickern die Steuereinnahmen, und die Beamten draußen im Land müssen, um zu überleben, für jede Amtshandlung selber Geld verlangen. Hans und seine Kollegen vor Ort nennen das nicht Korruption, sondern eine notwendige Sozialleistung. Beamte, die vom Staat nicht bezahlt werden, erwarten nach einiger Zeit auch kein Gehalt mehr, sondern fühlen sich zu ihren illegalen Einnahmen berechtigt. Das System der Selbstbedienung oben wie unten ist längst zur Selbstverständlichkeit geworden. Nur Neuankömmlinge und Moralisten empören sich noch darüber. Diese Doppelzahlungen verteuern jede Wirtschaftstätigkeit um genau den Betrag, den die Kleptokraten in der Hauptstadt stehlen.

In Portugal ist das dunkle Wenge als Möbelholz sehr beliebt, in Deutschland wird es meistens zu hochwertigem Parkett gesägt.

Nach der dritten Havanna, gegen vierzehn Uhr, geht Hans daran zu duschen und sich anzuziehen. Duschwasser steht in Eimern hinterm Haus in der Sonne bereit für den häufigen Fall, dass aus der Leitung nichts kommt. Heute ist so ein Tag.

»Matu, Wasser!«

Barfuß, den Oberkörper nach vorn gebeugt, den Blick gesenkt, huscht Matu mit dem vollen

Eimer zum Bad. Mit dieser unterwürfigen Geste befolgt er jeden Befehl seines Herrn. Hans pflegt seinen Kolonialherrenstil. Er will wohl so manche Demütigung kompensieren, die er selber hat einstecken müssen.

Kriegskind Hans

Es wird Zeit für die erste Mahlzeit des Tages. Die kocht Hans sich entweder selber – Nudeln, dazu Soße aus dem Schraubglas, oder Tiefkühlfritten, Tiefkühlhähnchen, Tiefkühlschweinekotelett, feine Erbsen mit Möhrchen aus der Dose, Strammer Max – deutsches Essen eben – oder er lässt sich von Daniel in ein Restaurant fahren. Heute wird es ein Strammer Max – und dazu die Geschichte mit seinem Namen.

Hans hat natürlich einen Nachnamen: Buchhold. »Mit doppeltem h und d, ganz selten!« Seine Eltern, Gerhard und Gerdi Buchhold, hatten aber keine Zeit für ihn – oder keine Lust, nahmen nur das Kindergeld und den Steuervorteil.

»Ich hab nicht mal Taschengeld gekriegt.«

Weder als Baby, 1942, noch irgendwann später hat er je bei seinen Eltern gelebt. Seine Oma hat ihn von Geburt an aufgezogen, zuerst in Polen, wo seine Mutter bei der deutschen Wehrmacht arbeitete. Der Befehl »Frauen und Kinder raus!« kam 1944 viel zu spät. Oma und Kind flohen erst einmal aus Polen, landeten in Halberstadt. Amerikaner rückten ein, überließen diesen Teil Deutschlands dann aber den Russen. Noch 1945 setzten Oma und Hans ihre Flucht fort – mit dem Pferdefuhrwerk. Doch bevor sie den rettenden Westen erreichten, trennten die Russen Hans und seine Oma. Nach Kriegsende wurden viele deutsche Frauen von russischen Soldaten vergewaltigt. Hans hat nie erfahren, was genau die Russen mit seiner Oma taten. Sie hat später darüber nicht sprechen wollen. Hans jedenfalls, gerade drei Jahre alt, war plötzlich allein im Flüchtlingstreck – ein Schild aus Pappe mit seinem Namen an einer Kordel um den Hals.

Sechzig Jahre später sehe ich Hans etwas verloren in der Lobby eines Brüsseler »Holiday Inn« stehen – um den Hals am goldenen Kettchen ein ziemlich großes Medaillon aus Gold in der Form des afrikanischen Kontinents mit einem Diamanten, der den Ort Kinshasa markiert.

»Damit ich wieder nach Hause finde.«

1945 war er mit seinem Schild aus Pappe in einem katholischen Kinderheim in Bayern gelandet. Seine Großmutter hat zwei Jahre gebraucht, ihn mit Hilfe des Suchdienstes vom Roten Kreuz wieder zu finden. Sie holte ihn nach Iserlohn, wo sie als Flüchtling eingewiesen worden war. Es ging ärmlich zu in Omas Mansardenwohnung mit Kanonenofen. Aber der Krieg war vorbei, sie lebten noch und hatten sich wieder. Iserlohn war in der britischen Besatzungszone. Hans, noch nicht in der Schule, verdiente schon Geld: Zusammen mit einigen Gleichaltrigen durchstreifte er das Villenviertel, in dem jetzt die britischen Offiziersfamilien wohnten. Mit Blutwurst lockten sie dort immer mal einen der gepflegten Hunde an – und entführten ihn.

»Mit mir gingen die Hunde alle mit.«

Ein Erwachsener, der die kleine Gang anführte und auch für die Blutwurst sorgte, hatte einen schalldichten Keller als Versteck für die Geiseln.

Nach jeweils einigen Tagen brachte er den bestohlenen Familien ihre Hunde zurück und gab den Kindern einen Teil des Finderlohns ab. Hans lernte seine ersten Lektionen fürs Leben.

Wer ist Hans wirklich?

Nach der Währungsreform zogen seine Eltern nach Essen, Großmutter und Hans zogen nach. Er besuchte die Realschule. Kurz vor seiner Mittleren Reife starb die Großmutter, und das Jugendamt begann sich für den jetzt obdachlosen Schüler zu interessieren, wusste offenbar nicht, dass der Junge noch Eltern hatte. Statt bei denen Obdach zu suchen, tauchte Hans unter, fand Unterschlupf bei einem Schulfreund – in der Garage, trug vor der Schule Brötchen aus und hatte noch andere Hilfsjobs zum Überleben. Das Jugendamt hat ihn nie gefunden. Die Eltern haben ihn nie gesucht.

Hans fand eine Lehrstelle als Portier im Luxushotel, lernte gute Manieren – aber auch die nächtliche Halbwelt kennen. Dann ging er zur Bundeswehr, landete bei den Panzergrenadieren in der Lüneburger Heide. Dort fiel er den Vorgesetzten sofort durch seine erstklassigen Manieren auf. So einen konnte man gut brauchen. Als der Verteidigungsminister zum Truppenbesuch kam, wurde natürlich Hans zu seiner Betreuung abgestellt. Er lernte Franz-Josef Strauß kennen und in dessen Begleitung den Finanzberater Fréderic Weymar. Mit dem verstand er sich so gut, dass daraus eine langjährige Beziehung wurde – für Geschäfte der zwielichtigen Sorte.

Eines Tages musste der Gefreite Buchhold beim

Divisionskommandeur antreten – im großen Wichs, Dienstanzug und Stahlhelm. Am Standort seiner Einheit sei die ledige Tochter des Bürgermeisters schwanger geworden, und sie habe Hans als den Vater benannt. Befehl des Kommandeurs: Sofort heiraten! Jawoll, Herr General! Hans heiratete. Ort und Datum seiner Geburt kannte er zwar, aber die Geburtsurkunde fehlte. Der Standesbeamte sah großzügig darüber hinweg. Es war der Bürgermeister selber – sein Schwiegervater. Er akzeptierte als Ersatzdokument den Wehrpass des Bräutigams. Hans wurde Ehemann und bald auch Vater eines Jungen, Frank.

Die Geburtsurkunde fand sich dann ein Jahr später doch noch, und darin war Hans ein ganz anderer als bisher geglaubt: Da stand als sein Vater ein Mann namens von Nobis, ohne Vorname und als Mutter dessen Ehefrau Gertrud. Von Nobis war nach dieser Urkunde auch Hans' Familienname. Gerhard Buchhold war also gar nicht sein Vater und dessen Frau Gerdi nicht die Mutter, sondern die Tante, eine Schwester seiner wirklichen Mutter.

Erst als Dreiundsechzigjähriger erfährt Hans bei einem Besuch in Deutschland die ganze Geschichte: Der Herr von Nobis, dessen Vornamen Hans immer noch nicht kennt, erkannte Hans nicht als sein Kind an, nannte ihn ein Kuckucksei, das ein anderer ihm ins Nest gelegt hätte, während er für Deutschlands Endsieg kämpfte. Und noch während sie darüber stritten, wer denn wohl sein Vater sei, kam Mutter Gertrud in der großen Bombennacht von Dresden um. Hans überlebte, weil seine Mutter das umstrittene Kind schon bald nach der Geburt ihrer Mutter in Verwahrung gegeben hatte. Gleich nach dem Krieg ließen Ziehvater und Tante den Nachnamen von Hans offiziell in Buchhold ändern und gaben den Jungen als ihr eigenes Kind aus, adoptierten ihn aber nicht. Aber das erfuhr Hans erst viel später.

Nicht lange nach der Geburt des Sohnes Frank kam dessen Mutter, die Tochter des Bürgermeisters, bei einem Verkehrsunfall ums Leben. Hans war plötzlich allein erziehender Vater. Und das war nicht sein Ding. Deshalb stimmte er zu, dass die Rabeneltern Buchhold den kleinen Frank adoptierten. Sein Sohn, glaubte Hans damals, sei jetzt auch sein Bruder.

Kinder mit Kalaschnikows und andere Soldaten

Was wird aus den Kindersoldaten?

Nicht nur im Kongo, an allen Kriegen Afrikas sind Kinder als Kämpfer beteiligt. Ich habe sie in Biafra gesehen, in Mozambique, Angola und Uganda, später in Liberia und Sierra Leone. Diese Kinder mit dem leeren, starren Blick hinter dem Lauf ihrer Waffe, diese Kinder machen Angst – und das sollen sie auch. Nicht zufällig lässt Jean-Pierre Bemba, Chef der Rebellenarmee MLC, seine Residenz in Kinshasa von bewaffneten Kindern bewachen. Kinder sind nicht anspruchsvoll, und sie töten zuverlässig. Bemba ist einer von drei Kriegsherren, die als Vizepräsidenten an der Übergangsregierung beteiligt sind, die gleichzeitig aber noch ihre eigenen Rebellenarmeen befehligen.

Die sollten laut Friedensvertrag bis 2005 alle aufgelöst sein – auch die von Kabila. Zusammen dreihunderttausend Kämpfer. Stattdessen soll es eine neue, staatliche Armee des Kongo geben, die FARDC (»Forces Armées de la République de Congo«). Mit internationaler Unterstützung sollten die Milizionäre zu regulären Soldaten umgeschult werden. Dafür hat Belgien eigens die Militärbasen Kananga und Kamina renoviert, über die die USA in den achtziger Jahren illegal die angolanischen UNITA-Rebellen mit Waffen versorgt hatten. Bei den FARDC ist allerdings nur Platz für hundertzwanzigtausend Mann. Theoretisch müssten also hundertachtzigtausend Kämpfer entwaffnet und ins Zivilleben zurückgeführt werden. Praktisch bleiben sie bewaffnete Rebellen unter dem Kommando ihrer bisherigen Kriegsherren – auch wenn die inzwischen mit in der Regierung sitzen. Andere Arbeit gibt es ja auch nicht. Und die Warlords denken nicht daran, den kommenden Wahlkampf für das Parlament des neuen, demokratischen Kongo ohne ihre eigenen Truppen zu führen. Also geben sie nur Teile ihrer Soldateska für die gemeinsame Armee frei, die Fußkranken und Schwachen. Die besten Kämpfer samt Waffen behalten sie zur Durchsetzung ihrer ganz persönlichen Ziele, auch der Wahlziele. Und wer weiß, wozu man sie nach der Wahl noch brauchen wird? Im Osten des Kongo kam es 2004 schon zu Kämpfen zwischen ehemaligen Rebelleneinheiten, die formell längst zu den staatlichen FARDC gehörten. Und manche Offiziere befehligen jetzt sowohl ihre alten Bürgerkriegskämpfer als auch Einheiten der neuen FARDC.

Und was soll mit den Kindersoldaten geschehen, aus denen die Rebellenarmeen zu großen Teilen bestehen? Allein im Distrikt Ituri stehen fünfzehntausend Milizionäre unter Waffen, davon sind sechstausend noch Kinder. 2006 gibt es im ganzen Land noch dreißigtausend Kindersoldaten. Die können keine regulären Soldaten werden. Man kann sie aber auch nicht zurück ins Elternhaus schicken. Die meisten haben keines mehr. Sie sind längst daran gewöhnt, sich ihren Lebensunterhalt mit der Kalaschnikow zu verschaffen. Das ist zuverlässig, krisensicher und weniger anstrengend als Arbeit. Dabei wollen sie bleiben.

Der deutsche Fabrikant Gebbers aus Bukavu

erzählt gern die Geschichte von den fünf Kindersoldaten, die ihn 2005 außerhalb der Stadt mit Waffengewalt anhielten und ein paar Dollar Wegezoll verlangten. Da bot ihnen Gebbers 25 Dollar für jede Kalaschnikow – und Arbeit in seiner Fabrik. Das lehnten die Knaben entschieden ab. Die Kalaschnikow zu behalten sei besser als Arbeit, sagten sie und hielten weiter fordernd die Hand auf.

Natürlich gibt es gute Menschen, die längst ein Programm zur Entwaffnung von Kindersoldaten und ihre Rückführung ins Zivilleben gestartet haben, aber das läuft schleppend. Und die meisten Kinder machen keine guten Erfahrungen damit.

Radio Okapi: »In Kowe (Maniema) sind hundert demobilisierte Kindersoldaten seit etwa einem Jahr sich selbst überlassen. Sie haben nach eigenen Angaben keinerlei Unterstützung, weder durch die kongolesische Regierung noch durch eine Hilfsorganisation erhalten. Der örtliche Schuldirektor kümmert sich so gut er kann um die Kinder, aber er hält diese Hilfe nicht für ausreichend.«

Im Frühjahr 2006 meldet Amnesty International, dass illegale Milizen im Osten des Kongo wieder verstärkt Kinder rekrutieren – meist mit Gewalt und bevorzugt solche, die im Töten schon Erfahrung haben.

Grand Hotel Kinshasa

Mit Hans auf seiner täglichen Tour durch die Stadt

»Daniel, démarre!«

Lass den Motor an, wir fahren in die Stadt. Es ist jetzt früher Nachmittag an diesem Mittwoch, dem zweiten Tag meines Besuchs im März 2005.

»Mal sehn, wer heute im ›Grand Hotel‹ rumhängt.«

So heißt jetzt das »Intercontinental«. Als die Kongolesen nach dem Sturz Mobutus keine Anstalten zur Zahlung der schon lange ausstehenden Millionen an das Dachunternehmen machten, zog »Intercontinental Hotels Group« sich aus diesem Hotel zurück, aus dem ganzen Land. Wie oft habe ich schon hier gewohnt – und wie anders sieht es jetzt aus! Die Luxusläden in der Passage zum Turm haben nichts mehr vom Flair früherer Zeiten. Ein Teil ist geschlossen, alle sind ohne Kundschaft. Dies ist nicht mehr die Insel, auf der man sich hier früher glaubte, abgehoben von den Niederungen Afrikas. Jetzt ist auch dieses Nobelhotel in Afrika angekommen, im gehobenen Afrika immerhin! Alle weißen Angestellten sind gegangen. Sie wurden allerdings nicht durch Kongolesen ersetzt, sondern durch gut ausgebildete Afrikaner aus anderen Ländern. Die haben den Vorteil, dass sie hier keine Verwandtschaft haben, die Vorzugsbedienung verlangt.

Das einfache Zimmer kostet hundertachtzig Dollar die Nacht. Etliche Gäste bleiben aber die Rechnung schon lange schuldig, sie wurden von der Regierung hier untergebracht. Politiker, Milizenführer, Unterhändler aus dem Inland, die in Kinshasa regionale Interessen vertreten oder es sich einfach nur gut gehen lassen. Das Hotel ist zum informellen Regierungssitz geworden. Wer immer von den politischen und kriegerischen Wirren in die Hauptstadt verschlagen wird und hier keine eigene Bleibe hat, der wohnt im Grand Hotel, Wochen, Monate, Jahre.

Der Wechsel von der Mobutu- zur Kabila-Ära hat anfangs zu einigen Wohnungsproblemen geführt. Etliche der zugezogenen Kabila-Oberen hatten sich einfach der verlassenen Villen ihrer Vorgänger, der geflohenen Mobutu-Größen, bemächtigt. Von denen kehrten aber viele nach und nach wieder aus dem Exil zurück – und fanden Fremde in ihren Villen vor. Kabila ordnete an, dass den ehemaligen Besitzern ihre Häuser zurückzugeben seien – egal auf welche Weise sie den Besitz erworben hatten. Das war durchaus zumutbar, denn wer jetzt an den Hebeln der Macht, also an der Quelle des Geldes saß, der war entweder zu blöd, nicht wenigstens schon das Geld für eine eigene Villa beiseite geschafft zu haben – oder zu anständig, in jedem Fall also selber schuld, wenn er noch immer ein Wohnungsproblem hatte.

Den größten Engpass auf dem Immobilienmarkt verursachen inzwischen aber die zahlreichen und überaus zahlungskräftigen Mitarbeiter der Weltbank, des Weltwährungsfonds, des Welternährungsprogramms und vieler vieler anderer Hilfsorganisationen.

»Die Leute zahlen Mieten von dreitausend, viertausend, fünftausend Dollar, bis zu zehntausend im Monat. Ich kenn eine Villa, die kostet fünfzehntausend Dollar – und alle sind vermietet!«

Wer ein Grundstück hat und irgendwie die Finanzierung auftreibt, der baut jetzt und vermietet an Weiße. In der Hauptstadt dieses völlig verarmten Landes ist eine wahre Luxus-Bauwut ausgebrochen. In drei bis fünf Jahren bringt der Mietpreis die Baukosten wieder rein – wenn nur nichts dazwischen kommt, wie etwa eine neue Plünderung.

In der Hotelhalle treffen wir Peter Lifangu.

»Ich bin der schwarze Peter aus Kölle«, sagt der in fast akzentfreiem Deutsch. Peter trägt einen viel zu großen Anzug.

»Den hab ich ihm besorgt«, sagt Hans. »Der hatte nix anzuziehen.«

Peter sucht Arbeit, aber wir haben keine. Höflich bittet er jeden von uns um den Gegenwert einer Cola. Am Pool hat Hans vor zwanzig Jahren mal einen getroffen, der saß da und schrieb ein Buch. Wochenlang. Es war V. S. Naipaul, damals noch ohne Nobelpreis. Bald darauf erschien sein Roman »An der Biegung des großen Flusses«. Gemeint ist offensichtlich Kisangani, siebzehnhundert Kilometer flussaufwärts von Kinshasa. Würde Naipaul sein Buch in diesen Tagen schreiben – es wäre noch viel trauriger.

Wir fahren zum »Chantilly«, dem Kultcafé an der Avenue Lukusa. Hier schaut Hans täglich am Nachmittag einmal rein. Wer ihn sprechen möchte, hat hier Gelegenheit dazu. Wenn Daniel zum »Chantilly« links abbiegen will, erkennt der Verkehrspolizist sofort den weißen Mercedes-G und hält den Gegenverkehr an. Aber im »Chantilly«

ist heute nichts los, niemand da, mit dem zu reden sich lohnt. Zurück nach Hause! Der Polizist hält wieder den Verkehr an, Daniel reicht einen Geldschein raus, und wir biegen ein auf die sehr befahrene Avenue de la Justice stadtauswärts. Auffallend viele hochwertige Geländewagen sind hier unterwegs. Noch nie war das Land so arm wie jetzt – und noch nie gab es so viele neue teure Autos. Der Verkehr staut sich zu den Stoßzeiten, als sei Kinshasa eine blühende Metropole. In Wahrheit ist es aber nur der Regierungssitz eines mittellosen, hoch verschuldeten Landes, dessen Etat zu mehr als der Hälfte vom Ausland finanziert wird, dessen Bediensteten es allerdings sichtlich gut geht. Und wieder bewegt mich die Frage, woher wohl dieser Reichtum stammt.

»Das sind die Programme zur Armutsbekämpfung der Weltbank, der gtz (»Gesellschaft für technische Zusammenarbeit«) und all der anderen Entwicklungshelfer!« Hans erklärt, dass vom Geld dieser Programme bei den Armen nichts ankomme.

Noch eine Ursache haben die vielen Staus: Es gibt in der Stadt immer weniger befahrbare Straßen, und von den vorhandenen wird der befahrbare Teil immer schmaler. Außerdem muss man zur Umgehung eines Lochs oft auf die Gegenfahrbahn wechseln – wenn man sich traut, denn der Gegenverkehr wartet nicht. Hier gilt gnadenlos das Recht des Stärkeren. Manche Straßen sind gar nicht mehr zu befahren, sie sind zu Gärten geworden. Auf einem Gemisch aus verrottendem Müll und Erde wächst Grünzeug zum Essen.

Ein tropischer Regen kann die Probleme schlagartig noch vergrößern, denn wenn es hier regnet, dann regnet es heftig. Die tiefen Rinnen zu beiden Seiten der Straßen, die zur Ableitung der Wassermassen gedacht sind, können oft ihren Zweck nicht erfüllen, weil sie bis zum Rand mit Müll gefüllt sind. Gerade haben westliche Entwicklungshelfer diesen Müll entdeckt und zum Ziel eines weiteren Entwicklungsprojekts gemacht, sie haben begonnen, Kinshasas Müll wegzuräumen. Ein Infrastrukturprojekt, für das den Helfern der Bedarf noch lange erhalten bleiben wird. Es wird ein zäher Wettkampf werden zwischen den einheimischen Vermüllern und den europäischen Entmüllern. Hans findet es unglaublich, was die Entwicklungshelfer alles tun, um ihr hoch bezahltes Helfer-Dasein zu rechtfertigen.

Afrikanische Farbenlehre

Hans: »Es ist das größte Glück einer Schwarzen, von einem Weißen schwanger zu werden.«

Am Abend kommen Gäste. Hans hat kalte Platten dekoriert – auf europäische Art mit Käse, Schinken, Lachs. Sassa kocht afrikanisch: Fleisch von der Ziege und Fisch aus dem Fluss, dazu Püree von Kochbananen und Reis, alles ganz köstlich. Hans ist dann doch ein bisschen stolz auf seine Frau. Sie ist die einzige Schwarze am Tisch, isst ausnahmsweise mit. Sonst, erklärt mir Hans, sei ihr Platz in der Küche. Da sie nun aber schon mal mit am Tisch sitzt, gibt sie beim dritten Glas Wein die Geschichte von ihren Anfängen mit Hans zum Besten. Der hatte natürlich vor ihr eine andere, und die wollte Hans unbedingt halten. Sie sei schließlich schwanger von ihm, das kannte Hans schon aus der Lüneburger Heide. Aber auch Sassa wurde schwanger, Hans kam in Bedrängnis.

»Warte das mal ab«, sagten da seine Freunde vom Militär, »erst mal sehn, was rauskommt.«

Als dann die Erste niederkam, hätte die Hautfarbe des Babys durchaus die eines Mischlings sein können.

»Aber die dunkeln ja nach!«

Nein, war bei der Begutachtung des Kindes der einhellige Befund der Freunde: So schwarz ist kein Mulatte. Die Mutter hatte ihr Spiel verloren und wehrte sich auch nicht mehr.

Bei Sassa war es dann ein fast weißes Baby, das allmählich milchkaffeefarben wurde. Macario, der ganze Stolz seines Vaters. Später kam Katja, noch etwas heller und sehr schön. Hans ist vernarrt in die beiden.

»Die sollen es besser haben als ich!«

Und das werden sie! Als sie klein waren, hat außer Mama und Papa eine *Bonne* für sie gesorgt. Später gab es ein Auto mit Fahrer eigens für den Schulweg. Denn anders kommt in Kinshasa ein Kind nicht zur privaten Schule im benachbarten Stadtteil. Macario hatte im Club sein eigenes Pferd, war ein verwegener Reiter. Für die Pflege des Tieres hatte der Club Personal. Verwöhnte Gören, als ich sie damals kennen lernte.

Heute leben beide in Papas Eigentumswohnung in Brüssel. Als heute Morgen von dort Katja ihren Vater anrief, zerschmolz dieser sonst so ruppige Hans vor Zärtlichkeit. Katja hat in Hamburg das deutsche Abitur gemacht und in Straßburg das französische. Jetzt studiert sie in Brüssel Internationale Beziehungen und Sprachen. Macario hat keine akademischen Ambitionen, wollte lieber leben als lernen, reitet keine Pferde mehr, ist Diskjockey geworden, Conferencier bei Veranstaltungen und im Radio. Hans erkennt sich wieder in seinem Sohn.

Der Wechsel nach Europa war für die beiden gar nicht so leicht. Plötzlich keine Bediensteten, keine Sonderstellung mehr. Stattdessen als Farbige unter Weißen. Und es kam bei den Mitschülern gar nicht gut an, wenn diese »Neger« von ihren Privilegien daheim in Afrika erzählten, vom Auto mit Chauffeur, vom Reitpferd und vom Lufttaxi zum Baden. Macario und Katja werden dennoch in Europa bleiben, werden Afrika und ihre Mutter nur noch als Besucher erleben.

Die Kinder haben den Namen Buchhold und deutsche Pässe. Das war nicht einfach, denn, was die Kinder bis heute nicht wissen: Hans ist mit Sassa gar nicht verheiratet. Aber er hat sie für ehelich und für deutsch erklären lassen. Geordnete Verhältnisse! Da konnte die Botschaft endlich mal etwas für Hans tun.

Monate später treffe ich Hans und die beiden Kinder in Brüssel. Macario sieht blendend aus und muss jetzt manchmal Autogramme geben, so bekannt ist er mit seinen flotten Sprüchen im kleinen Radiosender der großen Brüsseler Kongo-Gemeinde. Beim Verschleiß an Frauen – natürlich nur weißen – ist er ganz der Papa.

Katja wird immer noch schöner, sieht ihrer Mutter ähnlich – nur eben milchkaffeebraun. Reihenweise drehen sich jetzt die Männer nach ihr um. Gerade hat sie ihr Examen in einer weiteren Fremdsprache bestanden, Spanisch – nach Englisch, Deutsch, Französisch, Italienisch, Lingala, Flämisch. Keine Männer bisher. Und wenn doch, dann gilt die klare Anweisung des Vaters: »Keinen Schwarzen! Und keinen Apachen! Nicht wahr Katja?«

»Ja, Papa.«

Mit Apachen, lerne ich, meint ihr Vater einen Türken. Katja wusste das längst.

Der General spricht Deutsch

François – zu Mobutus Zeiten politischer Flüchtling und erfolgreicher Geschäftsmann in Deutschland

Das Essen war köstlich. Mama und Papa räumen gemeinsam ab. Es ist kein Personal mehr im Haus – nur noch der Wächter draußen am Tor. Das gehört zum System: keine Zeugen, die ausplaudern könnten, wer hier verkehrt und worüber man spricht.

»Nur so können wir hier offen reden – auch mal über die Schwarzen lästern.«

Der einzige Schwarze unter den Gästen kommt erst nach dem Essen, François Olengha, General. Er ist in Zivil und bester Laune. Im Schlepptau hat er zwei sehr hübsche und sehr junge Mädchen – zu jung für ihr Gewerbe. Vor dem Tor wacht jetzt die Leibwache des Generals im Jeep mit aufgepflanztem MG.

François, Ende fünfzig, spricht fließend Deutsch. Er ist Deutscher – er war es zumindest, denn als General der Demokratischen Republik Kongo muss er natürlich Kongolese sein, und beides zugleich erlaubt das deutsche Recht nicht. Seine Geschichte ist so spannend wie afrikanisch: 1974 fiel seine Familie bei Mobutu in Ungnade, der Onkel wurde umgebracht, François entging der Ermordung durch Flucht in den Sudan. Dort schloss er sich anderen Oppositionellen an und begann eine militärische Karriere im Exil. Die führte ihn über Kairo in die Tschechoslowakei, wo er Tschechisch lernte und anfing zu studieren. Dabei lernte er eine Deutsche kennen, ging mit ihr nach Deutschland und erhielt politisches Asyl, heiratete, hatte deutsche Kinder, sprach inzwischen Deutsch und setzte sein Studium in der Schweiz fort. Betriebswirtschaft und Politische Wissenschaften. Zurück in Deutschland wurde er Geschäftsmann, exportierte Becks und Dortmunder Aktien Bräu nach Angola, verdiente damit seine erste Million, sagt er. Immer wieder reiste er nach Tansania und Uganda, pflegte dort seine Kontakte zu einem ebenfalls reich gewordenen Exilkongolesen, Laurent-Désiré Kabila. In Köln eröffnete Olengha eine Kneipe, den »China Club« am Friesenplatz, wieder ein Erfolg. Und immer hielt er die Verbindung zu Kabila und seinen Freunden im Exil, hielt sich bereit zur Teilnahme am Sturz Mobutus. Regelmäßig nahm er an militärischen Übungen in heimlichen Ausbildungslagern in Uganda teil, kehrte danach aber stets zu seiner deutschen Familie und seinen florierenden Unternehmen zurück. Endlich, 1996, fühlte sich Kabila stark genug zum Sturz Mobutus. Olengha löste in Deutschland seine Unternehmen auf, entließ seine inzwischen zwölf Mitarbeiter mit großzügigen Abfindungen und ging als General in den Kampf zum Sturz des Diktators. Ituri, der geschundene Distrikt im Nordosten des damals noch Zaire genannten Landes, erlebte den Anfang eines langen Krieges mit häufig wechselnden Gegnern: General Olengha und seine Truppen waren die Ersten, die aus Uganda kommend in Richtung Westen, Richtung Kinshasa durch diese Gegend zogen.

Der General denkt gern an seine Jahre in Deutschland zurück, an seine Frau und seine Kinder, die er dort zurückgelassen hat, weil sie es so wollten. Deutschland habe viel für ihn getan, sagt er – und dabei denkt er nicht an Geld. Staatliche Unterstützung habe er nie in Anspruch genommen.

»Kommt doch morgen mit auf meine Farm zum Angeln!« Hans und ich freuen uns auf eine Landpartie. Der General winkt seinen beiden schon etwas gelangweilten Mädchen und macht sich mit ihnen und seiner Leibgarde auf den Heimweg.

Und noch immer brennt das Licht, läuft die Klimaanlage. Aber das ist kein Zufall! Sassa war am Vormittag bei den Leuten, die den Elektrizitätsmangel verwalten, indem sie wechselweise Teile Kinshasas vom Netz nehmen. Dort hat sie auf die heutige Party mit so wichtigen Gästen wie dem General hingewiesen – und vor allem einen gefüllten Briefumschlag hinterlassen. Deshalb die gute Versorgung heute. Hier ist eben alles machbar – meistens auf Kosten anderer.

Die übrigen Partygäste gehen auch bald: Der Mann, der an der Botschaft »besondere politische Aufgaben« wahrnimmt, lädt mich beim Rausgehen ein, doch mal auf einen Kaffee bei ihm vorbeizuschauen.

»Das ist der vom BND. Als der hier anfing, hab ich ihm die richtigen Informanten besorgt. Genau wie seinen Vorgängern auch.« Hans würde der Botschaft sehr fehlen, wenn er sich je in Europa zur Ruhe setzen würde.

Reiches Land am Tropf der Helfer

Die Hilfe lässt den Glauben an die eigenen Fähigkeiten verkümmern

Vor dem Schlafengehen noch eine Meldung von *Radio Okapi*: »Gestern ist ein Zug der kongolesischen Eisenbahngesellschaft SNCC in Shituru (nahe Likasi) entgleist, als die Brücke unter dem Gewicht der Lokomotive zusammengebrochen ist. Sechs der vierzehn Waggons sind in den Fluss gestürzt. Zwei Passanten, die sich zufällig am Unglücksort befanden, wurden getötet, fünf Passagiere des Zuges verletzt. Von Seiten der SNCC hört man, dass keine Woche vergeht, ohne dass ein Zug entgleist.«

Das erinnert mich an Dreharbeiten 1994 im Sankuru-Gebiet. Fünf Stunden waren Hans, Kameramann Harry und ich von Kinshasa mit der einmotorigen Cessna 206 über das endlose Grün des Kongobeckens hierher geflogen. Weiße Besucher waren hier selten geworden, Journalisten sowieso. Kaum angekommen, ließ uns der Kommissar die wichtigsten Probleme seines Distrikts vorführen. Da war erst einmal die Brücke über die Lukenie, eine für den Schwerverkehr ausgelegte Stahlbrücke. Gebaut 1957, war auf einer Plakette zu lesen, drei Jahre vor der »Unabhängigkeit« von Belgien. Seitdem, so sah es aus, hatten die neuen Besitzer diese Brücke zwar benutzt, sie sonst aber sich selbst überlassen. Keine Wartung, keine Farbe, keine Revision. So ging und geht das hier auch mit den meisten Autos: Die bringt man nur in die

Werkstatt, wenn sie kaputt sind – nicht aber um der Panne durch Wartung vorzubeugen.

An der Brücke angekommen, sagte mir der Beamte vor der Kamera mit einem gewissen Vorwurf im Ton, die Belgier hätten diese Brücke gebaut, jetzt aber sei sie schon so unsicher, dass sie keinen Zehntonner oder gar Zwanzigtonner mehr aushielte, sie müsse dringend repariert werden.

Ob sie denn das nicht selber könnten, fragte ich den Mann.

»Non, nous sommes très incapables«, sagte er da, sehr unfähig die Brücke zu reparieren.

Da war sie allerdings schon jenseits jeder Reparaturmöglichkeit. Durch manche Träger konnte man hindurchschauen. Rostlöcher in Doppel-T-Trägern! Und wie die Brücke, so die Straße, die Lodja mit dem Hafen am Sankuru verbindet, auch von den Belgiern hinterlassen. Zur Zeit der Belgier dauerte die Fahrt zum Hafen zwei Stunden. Es war keine Asphalt-, sondern eine Lateritstraße, aus Schotter und Lehm. Straßenwärter mit einfachem Werkzeug hielten sie instand. Jeder war für seinen begrenzten Abschnitt verantwortlich. Und wehe dem Wärter, auf dessen Abschnitt sich auch nur ein Loch fand! Nach der Unabhängigkeit entfiel dieser Zwang des Weißen Mannes zum Unterhalt der Straße. Die örtliche Verwaltung, jetzt in einheimischer Hand, fühlte sich auch nicht mehr gezwungen, die Straßenwärter zu entlohnen. Und wie sie ihrem Schicksal überlassen wurden, so überließen die Wärter die Straße sich selbst, dem Regen und dem Verkehr. Jetzt ist ihr Zustand so, dass man nur noch mit einem Lastwagen zum Hafen durchkommt und zwei Tage braucht für die Strecke.

Als 1960 die Belgier den Kongo verließen,

konnte man dieses ganze Land von fast der Größe Westeuropas bequem und ohne Risiko mit einem VW-Käfer bereisen. Fünfundvierzig Jahre später ist von dem Straßennetz so gut wie nichts mehr da. Ein fantastischer Markt für Entwicklungshelfer. Ihre Erfolge werden am Mittelabfluss gemessen, an der Menge des ausgegebenen Geldes. Und da hat es ein so aufnahmefähiges Land wie den Kongo schon lange nicht mehr gegeben.

Digitalcongonet meldet am 29. März 2005: »Der Repräsentant der Weltbank, Onno Rühl, hat am letzten Samstag erklärt, dass seine Institution zweihundert Millionen US-Dollar für die Instandsetzung der Nationalstraßen Nr. 2 (von Mbuji-Mayi nach Bukavu) und Nr. 4 (von Kisangani über Niania, Beni nach Bunia) freigibt.«

Die für Kinshasa lebenswichtige Straßenverbindung mit dem Seehafen Matadi wurde gerade auf Kosten der Europäischen Union hergerichtet. Über den reichen Kongo geht gerade ein großer Geldregen nieder. Es geht also voran, und sicher wird sich bald auch ein Geber finden, der den Leuten von Lodja die Brücke über die Lukenie und die Straße zum Hafen erneuert. Eine so schöne Gelegenheit zum Mittelabfluss!

Anfang der siebziger Jahre konnte ich bei Dreharbeiten im Kivu noch bequem mit dem VW-Bus selbst entlegene Orte erreichen, auch die Wälder, in denen die Pygmäen hausten. Nur manchmal unterbrach ohne Warnung ein Schlammloch die Reise, eines, durch das mit eigener Kraft kein Durchkommen war. Kaum hatte ich mich festgefahren, tauchten grinsend etwa zwanzig Männer aus dem Busch auf, bereit, den Wagen aus dem Dreck zu schieben, sobald ich mich mit dem Anführer auf die »Belohnung« dafür geeinigt und diese auch entrichtet hatte.

Hans kann sehr sarkastisch werden, wenn die Rede auf das Thema Entwicklungshilfe kommt. Die sei völlig sinnlos, sagt er. Ein Beispiel dafür haben wir 1994 gemeinsam erlebt bei den Dreharbeiten am Sankuru. In Lodja fehlten gerade zehntausend Liter Dieselkraftstoff für das Wasserwerk. Das hatte die deutsche Entwicklungshilfe Anfang der neunziger Jahre gebaut und auch ein Leitungsnetz, damit die Bürger von Lodja endlich Zugang zu sauberem Trinkwasser haben. Auch zwei große Dieseltanks für die Energieversorgung des Wasserwerks wurden der Stadt voll übergeben. Doch sie leerten sich, weil ja das Wasserwerk Wasser lieferte. Und als sie leer waren, ging ein Hilferuf an die Deutschen: Die Dieseltanks seien leer, man könne kein sauberes Wasser mehr liefern! Und tatsächlich, die Deutschen brachten neuen Treibstoff – auf dem Luftweg, denn es eilte ja. Als auch der fast aufgebraucht war, beschränkte das Wasserwerk die Versorgung auf zwei mal zwei Stunden pro Woche, um Treibstoff zu sparen, denn man merkte jetzt, dass die bisher so großzügigen Geber knickerig wurden. Der zuständige Wasserwerker erklärte mir vor der Kamera, die Leute verlangten jeden Tag sauberes Wasser. Leider hätten aber die Deutschen die Dieseltanks nur zweimal gefüllt. Er hoffe, dass nun doch bald neuer Treibstoff käme. Kein Wort darüber, warum nicht vom Wassergeld neuer Treibstoff gekauft wurde. Oder zahlten zu viele gar kein Wassergeld?

Hans hat sicher Recht, wenn er der deutschen Entwicklungshilfe unterstellt, dass sie beim Bau des Wasserwerks wohl nicht in erster Linie die Empfänger im Sinn hatte. Dann hätte sie nämlich vor dem Bau gewusst, dass hier niemand mit einer Wasserversorgung nach europäischem Standard umgehen kann (oder will). Und Lodja ist kein Einzelfall. Überall im Land stehen solch moderne Wasserwerke, doch sie nützen den Bewohnern wenig, weil sie nur sporadisch Wasser liefern. Für den dauernden Betrieb haben die Wasserwerker nicht das nötige Geld.

Erst 2005 kam man in Kikwit auf die Idee, das geschenkte neue Leitungsnetz einfach stillzulegen und Wasser künftig nur noch an einigen öffentlichen Zapfstellen gegen Barzahlung abzugeben: 1 Franc Congolais pro Liter. Jetzt müssen zwar die Frauen wieder wie früher das Wasser nach Hause tragen, aber es ist sauberes Wasser, und vor allem, es gibt immer welches, denn das Wasserwerk nimmt jetzt regelmäßig das für den laufenden Betrieb nötige Geld ein. Die Menschen, sagt *Radio Okapi*, scheinen mit dem System zufrieden zu sein.

Dann hätte doch, meine ich, die Entwicklungshilfe gleich diese Einfachlösung bauen können, hätte dadurch viel Geld gespart und die Wasserversorgung dauerhaft gesichert.

»Nein, nein«, sagt Hans, »die Leute wissen ja, dass bei den Weißen in Europa das Wasser mit Leitungen bis in jedes Haus kommt. Und die sehen überhaupt nicht ein, warum jetzt sie mit weniger zufrieden sein sollen. Hätte man denen also die Einfachlösung von vornherein angeboten, dann hätten sie die empört zurückgewiesen. Rassismus hätten sie es genannt, ihnen so was Primitives anzubieten.«

»Aber man konnte doch nicht deshalb überall dieses unsinnige Leitungsnetz bauen!«

»Nein«, sagt Hans, »man hätte nur die Menschen erst auf den Umgang mit so einem modernen System vorbereiten müssen. Aber die können ja eine Wasserrechnung nicht mal lesen – geschweige denn bezahlen!«

Im Film (»Weißer Mann, komm wieder!«) hält ein junger Mann eine Hand voll belgisches Kleingeld zur Kamera und schwärmt, damals, als man noch mit solchem Geld bezahlt wurde, da sei hier alles besser gewesen. Dabei lebte er damals noch gar nicht. Ein Schwarzer, sagte der Mann allen Ernstes, könne nämlich nicht für sich selber verantwortlich sein, der Weiße Mann müsse ihm dabei helfen. Wir hatten die ganze Dorfgemeinschaft, alle Männer also, am Palaverbaum zu diesem Interview versammelt, und alle stimmten dem jungen Mann zu.

»Sollten also wirklich die Weißen wiederkommen?«, frage ich. »Wollt ihr die wieder als eure Chefs haben?«

»Nein«, sagt der Häuptling, »nicht als unsere Chefs! Wir sind ja jetzt unabhängig. Aber wir wissen nicht, wie wir mit den Sachen umgehen sollen, die uns die Weißen hinterlassen haben. Das ist unser Problem.«

Donnerstag, 10. März 2005
Blauhelme, unkeusch

Die UNO-Friedenstruppe kommt wegen Sex ins Gerede

Ich sitze allein am Frühstücktisch. Hausboy Matu hat schon sämtliche Partyspuren beseitigt, das Geschirr und die Gläser gespült. Papa Hans und Mama Sassa schlafen noch. Ich bin früh aufgewacht, mir war zu warm. Kein Strom, keine Kühlung – und im Bad wieder kein Wasser.
Ein junger Mann bringt in einem geschlossenen Korb lebende Frösche. Die setzt der Gärtner in einen ausgemauerten Wassergraben, in dem drei kleine Krokodile schon auf sie warten. Der Froschlieferant kommt zweimal in der Woche. Demnächst will Hans den Krokodilen ein größeres Becken bauen – mit Sandbank zum Sonnen. Und wenn sie groß genug sind, gibt's lebende Hühner. Dann, sagt er, kommt kein Schwarzer mehr ungebeten in seinen Garten. Bis zu einem Meter fünfzig Länge will er sie behalten. Dann müssen sie in den Fluss.

Noch eine Meldung von heute: »Vier Milizionäre der ›Forces Armées du Peuple Congolais‹ (FAPC), der kongolesischen Volksarmee, darunter ›Major Eric‹, wurden bei einem internen Zwist um die Verteilung von illegal erhobenen Steuern von anderen Milizionären der FAPC in Kimbokolo (Territorium Aru, Ituri) getötet. Der Verwalter hat die Entsendung von MONUC-Truppen (UNO-Blauhelme) gefordert, da er Repressalien gegenüber der Bevölkerung durch die Anhänger Major Erics fürchtet.«

FAPC, das ist die Truppe des Kommandanten Jérôme, der seine Milizionäre offenbar nicht mehr sicher im Griff hat. Jetzt sollen also die Blauhelme schon bei Meutereien unter solchen Räubern schlichten. Das werden sie sicher nicht tun. Außerdem sind sie seit Anfang des Jahres sehr mit sich selber beschäftigt. An ihren Standorten im Osten des Kongo sind Fälle von sexuellem Missbrauch an Mädchen und Jungen durch UNO-Soldaten bekannt geworden. Dabei hätten sich Soldaten des marokkanischen und des südafrikanischen Kontingents besonders hervorgetan. Die Sache ist kompliziert:

Da stehen zu jener Zeit mehr als dreizehntausend gut genährte und gut bezahlte Soldaten einer völlig verarmten Bevölkerung gegenüber. Wen kann es da wundern, dass diese Bevölkerung versucht, am Reichtum der Fremden teilzuhaben. Dazu ist die Prostitution ein urafrikanischer Weg. Deshalb entstand in Goma schon bald nach Beginn der UNO-Friedensmission gleich neben dem Hauptquartier der humanitären UN-Abteilung OCHA der teuerste Puff der Stadt. Die Regeln waren klar: Geld für Sex und hinterher keine Beschwerden, denn niemand wurde zu diesem Tausch gezwungen.

Erst die marokkanischen Blauhelme sorgten für Ärger. Sie gingen nicht ins teure Bordell, Mann für Mann – sie gingen in die Bars mit dem viel billigeren Babystrich und suchten sich dort kleine Mädchen, auch sehr kleine, die froh waren, einen oder zwei Dollar zu verdienen. Doch sparsam wie die gut bezahlten Marokkaner waren, legten drei bis vier von ihnen für ein Mädchen zusammen, machten sich alle nacheinander über die Kleine her – und lieferten sie danach im Krankenhaus ab. Als das bekannt wurde, mussten der Chef des marokkanischen Truppenkontingents und sein Stellvertreter gehen, sie mussten nicht nur die Blauhelmtruppe verlassen, sondern auch die marokkanische Armee. Sechs ehemalige marokkanische UNO-Soldaten wurden in Marokko festgenommen. Sie sollen dort vor Gericht gestellt werden.

Auch die (schwarzen) südafrikanischen Blauhelme sparten am Lohn für die Liebe: Sie heirateten in Scharen und ließen bei Beendigung ihrer Friedensmission die Damen einfach zurück. Wenn sie aber zum nächsten Einsatz wiederkamen, hatte die UNO große kongolesische Familien am Hals, die in der Nähe der Garnison kampierten – als »Angehörige« von Blauhelmsoldaten. Auch das war nicht im Sinne der militärischen Führung. Der Chef der Friedensmission, der Amerikaner William Swing, sah sich genötigt hart durchzugreifen. Er verfügte für die Soldaten ein strenges Verbot aller sexuellen Kontakte mit der kongolesischen Zivilbevölkerung. Null Toleranz!

Dazu meldet gerade die *BBC* in ihrem Afrikadienst: »Die vom Chef der MONUC in Folge der Fälle von sexuellem Missbrauch an kongolesischen Mädchen und Jungen verfügte Maßnahme ›Null Toleranz‹ wird von den MONUC-Mitarbeitern in Kinshasa als eine Verletzung des Artikels 12 der Menschenrechtserklärung (individuelle Freiheit) betrachtet …«

Wahlen im Wald?

Demokratische Wahlen sollen die Diktatur und den Krieg beenden, doch viele Wähler sind im Wald unerreichbar

Gegen Mittag erscheint Hans verkatert am Frühstückstisch. Er sei mal wieder erst am Morgen eingeschlafen. Außerdem sei es viel zu heiß im Haus – ohne Strom für die Klimaanlage.

Die Schlaflosigkeit komme vom Alkohol, sage ich ihm aus eigener Erfahrung, und dass er sich dieses Land eh nicht schön saufen könne – und seine Sassa nicht jünger. Warum wir eigentlich so gar nichts mehr von den Wahlen hörten, frage ich ihn dann.

»Weil die hier keiner will – außer dem Volk, der UNO, den Amis und der EU.«

Nach fünf Jahren Krieg und damals schon drei komma drei Millionen Toten trat 2003 endlich das Friedensabkommen zwischen den Bürgerkriegsparteien in Kraft. Es sah vor, dass die Übergangsregierung nur zwei Jahre im Amt bleibt. In dieser Zeit sollten demokratische Wahlen stattfinden. Josef Kabila durfte zwar Präsident der Übergangsregierung werden, musste aber die Begrenztheit seiner Macht eingestehen und seine bisherigen Kriegsgegner als Vizepräsidenten akzeptieren: einen kongolesischen Tutsi, einen unbekannten Zivilisten und zwei umso bekanntere, international gesuchte Kriegsverbrecher.

Der Tutsi heißt Azarias Ruberwa. Er repräsentiert die größte Rebellenarmee im Land, die RCD, und ihre Schutzmacht, das von Tutsi beherrschte Ruanda. Ruberwa selbst, von Beruf Anwalt, hat saubere Hände – so mancher seiner RCD-Kollegen aber nicht.

Der Zivilist, Arthur Zahidi Ngoma, soll die politische, also die unbewaffnete Opposition repräsentieren, obwohl er eine Zeit lang sogar Chef der RCD war. Die größte Oppositionspartei, die UPDS, ist also von der so genannten Allparteienregierung ausgeschlossen.

Der dritte Vizepräsident, Jean-Pierre Bemba, ist Chef der zweitgrößten Rebellenbewegung, der MLC. Gegen ihn sind mehrere Klagen vor dem Internationalen Strafgerichtshof in Den Haag anhängig. Unter seiner Führung hat sich die »Kongolesische Befreiungsbewegung« im Nordosten des Kongo und in der benachbarten Zentralafrikanischen Republik schwerer Kriegsverbrechen schuldig gemacht. So sollen MLC-Rebellen neben anderen Verbrechen Pygmäen getötet und gegessen haben. Als Bemba danach einmal in Goma in Begleitung eines Pygmäen über die Straße ging, zeigten die Leute mit Fingern auf ihn und feixten: »Der Bemba hat seinen Proviant mitgebracht ...!«

Der vierte Vize ist Abdoulaye Yerodia von der Kabila-Fraktion, ein Tutsi-Hasser, der öffentlich für die Tötung aller Tutsi im Kongo, für die ethnische Säuberung des Ostens eingetreten ist und deshalb in Belgien angeklagt wurde.

Eine abenteuerliche Truppe also, die hier die Geschäfte führt während des auf zwei Jahre befristeten Übergangs von der Diktatur zur Demokratie. Jeder Anführer der drei Bürgerkriegsparteien kontrolliert weiterhin mit seinen Truppen seinen Teil des Kongo – und beutet ihn auf eigene Rechnung aus. Bemba hat außerdem noch eine sechstausend Mann starke Truppe vor den Toren Kinshasas stationiert.

Nach meiner Rückkehr aus dem Kongo kam es, wie von Hans vorausgesehen: Die Frist für den Übergang zur Demokratie endete am 30. Juni 2005 – ohne Wahlen. Die wussten Kabila und seine Vizepräsidenten vorläufig zu vermeiden. Keiner von ihnen hätte bei sauberen Wahlen auch nur den Hauch einer Chance gehabt.

Immerhin konnte die Bevölkerung am 18. und 19. Dezember 2005 schon mal über die neue Verfassung abstimmen. Sie wurde mit 84,31 Prozent angenommen bei einer Wahlbeteiligung von fast zweiundsechzig Prozent – obwohl kaum jemand diese Verfassung kannte. Für die Wenigen, die lesen können, waren vier unterschiedliche Versionen im Umlauf.

Die neue Verfassung garantiert dem Präsidenten so große Vollmachten, dass die Presse schon von einer »konstitutionellen Diktatur« sprach. Das müsse so sein, argumentierten die Leute um Kabila. Wie stünde der neue Präsident sonst da im Kreise seiner machtstrotzenden afrikanischen Kollegen. Und sie lassen keinen Zweifel daran, dass der neue starke Mann des Kongo ganz sicher Josef Kabila sein werde. Demokratisch gewählt. Ehrenwort.

Weil einige der Mitglieder der Verfassungskommission solche Machtfülle nicht hatten mittragen wollen, wurden sie mit Geld zum Einlenken bewegt, »financièrement môtivés« wird die Methode ganz offen genannt.

In der neuen Verfassung ist das Mindestalter für einen Präsidenten – dem jungen Kabila zuliebe – auf dreißig Jahre festgelegt. »Eine Verfassung nach Maß«, lästert die Presse. Wenn Kabila wirklich der neue Präsident wird, hat wohl das Lästern bald ein Ende.

Hans sieht das gelassen.

Das unterdrückte Volk dauert ihn zwar, aber das sei bei dem Bildungsstand für die Demokratie ohnehin nicht reif. Und besser ginge es den Leuten mit Demokratie ja auch nicht.

»Die müssen erst mal lesen und schreiben lernen, sonst ist hier Demokratie gar nicht möglich.«

Ohne Demokratie kann sich das Volk nur mit Gewalt Gehör verschaffen. Die Plünderungen von 1991 und 1993 sind nicht vergessen. Da zogen die Ärmsten und das Militär wie eine riesige Walze der Zerstörung durch Kinshasa, drangen auch in reiche Privathäuser ein, um sich zu bedienen. Sassa hatte gerade eine ganz neue Boutique aufgemacht, daneben einen Friseursalon. Nichts davon ist ihr damals geblieben.

Der König will wahre Demokratie

Bei Dreharbeiten in Kinshasa 1994 traf ich den König von Katanga, Muami Munongo. Er war, wie manch anderer König im Kongo, Abgeordneter in Mobutus scheindemokratischem Parlament und wusste selber, dass die Diktatur ihn nur benutzte. Schon die europäischen Kolonialmächte hatten sich der traditionellen Häuptlinge und Herrscher bedient. Solange die das Spiel mitspielten, konnten sie in Amt und Würden bleiben, sie mussten sich nur an die Vorgaben der wirklichen, der weißen Machthaber halten. Wer das nicht tat, musste gehen. Der wurde von oben durch einen anderen Häuptling oder König ersetzt. Die schwarzen Erben der weißen Kolonialherren haben dieses System des indirekten Regierens übernommen.

Vor der Kolonialzeit galten zum Beispiel bei den Mongo recht vernünftige Regeln: Da waren die traditionellen Führer auf Zustimmung von unten angewiesen. Wer als Häuptling nicht die Zustimmung seiner Notabeln, der Familienoberhäupter, hatte, der musste einem anderen Platz machen. Die alte afrikanische Basisdemokratie funktionierte. Doch wer wollte schon zurück zu den Regeln des 19. Jahrhunderts? Nein, befanden die Entwicklungshelfer und Berater aus dem Westen, Afrika solle nach europäisch-amerikanischem Muster demokratisiert werden. Wie König Munongo, so sind viele Afrikaner entsetzt über diesen Hochmut des Westens.

»Da veranstalten sie jetzt überall in Afrika Runde Tische und demokratische Wahlen, aber das findet alles nur unter dem Druck des Westens statt. Das Volk ist daran nicht beteiligt. Und deshalb funktioniert es nicht.«

Dieser König, der da mit seinem Fliegenwedel und einem kunstvoll geschnitzten Zepter vor mir saß, hat sich in seinen jüngeren Jahren ausgiebig in Europa umgesehen.

»Sie in Europa mit Ihren alten Demokratien haben viel Erfahrung. Warum helfen Sie uns nicht, unsere afrikanischen Strukturen den Erfordernissen der heutigen Zeit anzupassen? Das wäre die Hilfe, die wir wirklich brauchen!«

Und das ist es, was ich seit vielen Jahren von so vielen Afrikanern höre: Warum glaubt ihr Weißen denn, dass eure Demokratie die einzig mögliche für uns sei? Warum steigt ihr nicht von eurem hohen Ross und holt uns da ab, wo wir zu Beginn der Kolonialzeit waren und in der Unfreiheit nicht weiter konnten?

»Die Strukturen unserer alten Basisdemokratie gibt es noch, und sie haben viele positive Elemente«, sagte mir der Generalvikar von Tschombe, »man muss sie nur modernisieren. Die Menschen hier sind begierig darauf.«

In einem bescheidenen Haus am Rande Kinshasas traf ich Professor Elungu. »Die Menschen an der Basis müssen für ihre Entwicklung selber Verantwortung übernehmen«, sagte er mir. »Dazu muss ein Teil der Macht von oben nach unten übertragen werden.«

Er meint, die mit der Kolonisierung verbundene Entmündigung der Völker müsse rückgängig gemacht werden, damit diese Völker wieder selber darüber befinden können, wer sie regiert.

Gerade das aber wollen Kabila und seine Warlord-Kollegen verhindern. Mit der Verzögerung der Wahl bis 2006 haben sie erst einmal Zeit gewonnen, Zeit, die Wahl in ihrem Sinne vorzubereiten.

Mit der Armee zum Wahlsieg

Kabilas Militärberater Denis Kalume hat klare Vorstellungen vom Ablauf der Wahl: Hundertzwanzigtausend Soldaten der FARDC, der neuen Armee des Kongo, sollen für den reibungslosen Vollzug sorgen. Für ein Wahlergebnis im Sinne Kabilas, argwöhnt die Opposition, die Kleptokratie werde sich den Sieg doch nicht nehmen lassen.

Auch nicht von den Vereinten Nationen. Wie wolle die denn mit ihren siebzehntausend Blauhelmen ehrliche Wahlen sicherstellen in einem so großen, unwegsamen Land, selbst wenn sie wollte? Da werde das Regime leichtes Spiel haben.

Auf dreihundertfünfzig Millionen werden die Kosten des Wahlgangs geschätzt. Zweihundertfünfundachtzig Millionen davon übernimmt die EU, den Rest die übrige Welt. Der Kongo selber bezahlt nur einen lächerlich kleinen Teil der Kosten. Das gibt den Machthabern die Möglichkeit, ihr Geld gezielt für den Kauf von Stimmen einzusetzen und mögliche Wahlgegner zum Stillhalten zu überreden.

Je näher der neue, der vermeintlich endgültige Wahltermin rückt, der 18. Juni 2006, desto größer deshalb die Siegesgewissheit Kabilas – und die Nervosität der UN. Aber nicht einen durch Betrug errungenen Wahlsieg Kabilas fürchtet New York – sondern den Zorn des Volkes darüber. Den sollen auf Wunsch der UN zusätzliche Truppen aus Europa eindämmen. Aber wollen die wirklich einen zweifelhaften Wahlsieg Kabilas gegen gewaltsame Proteste der Betrogenen verteidigen? Werden sie damit nicht zu Komplizen des Wahlbetrügers?

Ja, sie werden. Mit tausendfünfhundert Mann. Aber nicht sofort. Die Wahl wird erst mal erneut verschoben. Die Wahlkommission ist mit den Vorbereitungen immer noch nicht fertig. Außerdem fehlt Geld. Selbst mit ihrem winzigen Eigenanteil ist die Regierung im Rückstand: Die Polizisten, die mit französischer Unterstützung für die Sicherung der Wahl extra ausgebildet wurden, haben ihr Gehalt nicht bekommen. Das Geld sei verschwunden, heißt es. Mitarbeiter der Wahlkommission warten schon seit acht Monaten auf ihr Geld. Wen kümmert das schon? Kabila und seine Vizepräsidenten haben es mit der Wahl nicht eilig. Je länger der Wahlkampf, desto größer ihre Chance, sich das gewünschte Ergebnis mit Geschenken zu sichern. Dafür haben die Regierenden offenbar Geld im Überfluss. Steuergeld, empören sich die Unternehmer vom Sankuru, und verweigern deshalb bis zur Wahl alle Steuerzahlungen.

Als letzter und ganz bestimmt endgültiger Wahltermin wird schließlich der 30. Juli 2006 genannt. Wann auch immer dann wirklich gewählt wird: Der Wunsch des Volkes nach einer neuen, einer besseren Regierung wird damit kaum in Erfüllung gehen. Es ist ja dieselbe alte, die bisherige Mannschaft, die sich mit viel Geschick und vor allem viel Geld die vorderen Plätze hat sichern können. Einen fairen Wahlkampf oder gar eine Beteiligung der Basis an der Kandidatenauswahl war nie vorgesehen. Dem Volk ist bei dieser Wahl nur die Rolle als Stimmvieh zugedacht. Entsprechend groß wird danach die Wut sein – auch auf den Westen, der diese »Demokratisierung« am Volk vorbei mit so großem Aufwand finanziert und auch noch militärisch absichert.

»Nur wenn man das Volk wirklich beteiligt«, hatte der König von Katanga gesagt, »wird der Westen in Zukunft darauf verzichten können, in Afrika immer wieder militärisch zu intervenieren.« Man hat nicht auf ihn hören wollen.

Kürzlich flog der belgische Außenminister Karel De Gucht nach Kinshasa, um sich über den Fortgang der Wahlvorbereitungen zu informieren. Während des Hinflugs in der Sondermaschine verteilte jemand ein Pamphlet. Darin wurde behauptet, der gegenwärtige Präsident, Josef Kabila, habe ursprünglich Josef Hypolite Kanambe geheißen, er sei der Sohn eines Tansaniers, Christopher Kanambe, und seiner Frau Marcelline. Auf die habe der alte Kabila, als er noch im tansanischen Exil lebte, ein Auge geworfen und kurzerhand ihren Mann Christopher aus dem Weg räumen lassen. Und dann habe Kabila nicht nur die Witwe Marcelline getröstet, sondern sogar ihre Kinder Josef Hypolite und dessen Zwillingsschwester Jeannette adoptiert.

Hans reagiert skeptisch auf solche Geschichten.

Während der innerkongolesischen Versöhnungskonferenz 2002 im südafrikanischen Sun-City hatte sich bereits ein Étienne Kabila öffentlich zu Wort gemeldet. Er sei in Wahrheit der biologische Sohn des ermordeten Präsidenten, 1965 in Tansania geboren, und er beschreibt ein abenteuerliches Komplott: Im Oktober 2000 habe die Ehefrau des alten Kabila, Sifa Mahanya, versucht, ihren Mann zu vergiften. Der habe aber den Anschlag überlebt und zur Strafe seine Frau in Kinshasa einsperren lassen. Heimlich habe dann Adoptivsohn Josef mit Hilfe von Komplizen Sifa aus dem Gefängnis befreit und vorübergehend in Lubumbashi versteckt. Dann habe er die Ermordung seines Adoptivvaters organisiert, um selber Präsident zu werden. Sifa habe er danach zurück nach Kinshasa geholt und sie allen als seine leibliche Mama präsentiert. Denn nur so, als geborener Kongolese, kann er für die kommende Wahl kandidieren.

Wo Geld und Honig fließen

Armut und Erfindungsreichtum

Zu Hause bei Hans brennt die Mittagssonne aufs Dach, und noch immer gibt es keinen Strom für die Kühlung. »Verdammte Hitze hier! Komm, wir fahren zu Gaby, da ist es kühl.«

Schon der Weg in die Stadt ist eine Wohltat. Im klimatisierten Auto trocknet das Hemd, das mir seit dem Morgen auf der Haut klebt. Gaby ist ein Bär von einem Portugiesen, der eines der besseren Restaurants von Kinshasa betreibt. Er hat auch keinen Strom, aber ich höre im Hintergrund einen großen Generator brummen.

Die wenigen Weißen drinnen sind sportlich gekleidet, die zahlreicheren Schwarzen tragen dunklen Anzug und Krawatte – bis auf ein paar ganz junge Männer, die offensichtlich einen lukrativen Coup gelandet haben und feiern. Erstaunlich, wie viel Wein hier schon zu Mittag fließt.

Nach dem Essen trifft mich draußen wieder wie ein Schlag die Hitze. Anruf zu Hause, ob es jetzt Strom gibt. Nein. Wir nehmen den Kaffee im klimatisierten »Chantilly« und lesen die Zeitung, *Le Potentiel* sei die beste, sagt Hans.

Auf Seite eins eine großformatige Annonce der »Banque Congolaise«. Die bietet »Instant Überweisungen von Person zu Person« an – zu konkurrenzlos günstigen Konditionen. Hans wusste gar nicht, dass die so was jetzt schon in aller Offenheit machen.

»Das sind die Honigbanken. Ich musste mal

zweihundertzwanzigtausend Dollar von hier nach Brüssel transferieren. Das wäre unheimlich teuer geworden. Da bin ich hier zu so einer Honigbank gegangen. Die haben mir eine Adresse in Brüssel genannt, ich hab meinen Geldempfänger angerufen, in zwanzig Minuten war der an der Adresse, das war eine Wohnung über einem Andenkengeschäft, die Zimmer voller Bargeld in Kartons, ich hab hier in Kinshasa meine zweihundertzwanzigtausend Dollar auf den Tisch gezählt, und der hat gleichzeitig in Brüssel den Gegenwert bar in Euro gekriegt – korrekt umgerechnet.«

Das ist der wohl eleganteste Weg, abgezweigtes Geld spurlos beiseite zu schaffen – vorbei an allen, die sich für den Verbleib solchen Geldes interessieren. Und ich stelle mir gerade vor, wie auf diesem Weg so manche Million aus der Entwicklungshilfe wieder in Europa ankommt – als Privatvermögen.

Und weiter auf Seite eins des *Potentiel*: »Kooperationsabkommen zwischen Kongo und EU. Gestern wurden in den Räumen der EU-Vertretung die Protokolle über das zweite Hilfsprogramm zur Instandsetzung von Straßen und Trinkwasserversorgungsanlagen unterzeichnet. Es löst das inzwischen abgeschlossene erste Hilfsprogramm ab und hat über einen Zeitraum von drei Jahren ein Volumen von achtzig Millionen Euro. Davon sollen siebzig Prozent für die Verbesserung der Infrastruktur eingesetzt werden und dreißig Prozent für die Trinkwasserversorgung … Carlo Filippi nannte dieses Abkommen Teil der EU-Strategie zur Bekämpfung der Armut im Kongo.

Wasserwerke, Müllbeseitigung – es gibt ja noch so viel zu tun im Kongo.

Ein Weißer betritt das Café und kommt an unseren Tisch. Er hatte angerufen. Wieder jemand, den die Botschaft schickt. Dipl.-Ing. Ludwig vom Projektmanagement der Streif GmbH ist nach Kinshasa gereist, um zu prüfen, ob man nicht im Kongo eine Fabrik für Fertighäuser bauen könnte – bei dem vielen Holz, das es hier gibt, und dem vielen Geld, das jetzt hereinkommt ... Streif wäre an billigem Holz interessiert, an billigen Arbeitskräften und an zahlungskräftigen Käufern. Hans' Kommentare und Ratschläge sind ernüchternd. Der wichtigste: Sie werden hier zwar das richtige Holz finden, auch genügend billige und willige Arbeitskräfte – aber keine Leute für die etwas verantwortungsvolleren Tätigkeiten in der Fertigung. Die müssten Sie alle aus Europa mitbringen – und das bei der politischen Lage. Das lohnt nicht. Herr Ludwig schaut ungläubig. Hans verweist auf bittere Erfahrungen, die andere hier schon gemacht haben. Ich empfehle die Lektüre von V. S. Naipaul »An der Biegung des großen Flusses«. Der indischstämmige Naipaul beschreibt sehr ungeniert, wie er die Afrikaner sieht.

Einen Markt für Fertighäuser können wir uns beide nicht vorstellen: Entweder hat hier jemand das Geld für ein Haus, dann will er Marmor, Stuck und Schmiedeeisen – oder er hat es nicht, dann ist es bestenfalls nackter Hohlblockstein und Wellblech. Dazwischen ist in Afrika wenig.

Hier fällt mir ein, was ich Herrn Ludwig noch hätte sagen sollen, nämlich dass es natürlich doch Kongolesen gibt, die nach kurzer Anleitung eine digital gesteuerte Holztrocknungsanlage zuverlässig bedienen könnten. Nur würde so einer niemals solche Arbeit tun. Der findet Beschäftigung mit Schlips und Kragen in einem klimatisierten Büro.

Geld verdienen mit dem Mangel

Der General ruft an, er hätte heute leider doch keine Zeit für die versprochene Landpartie.

Zu Hause gibt es immer noch keinen Strom. Im Tiefkühler tauen schon die ersten Packungen an. Dann ist auch nichts Kaltes zu trinken im Haus. Wir fahren auf einen Sun Downer zu Victor, der mich an Harry Bellafonte in seinen jüngeren Jahren erinnert. Victor ist erfolgreicher Fuhrunternehmer, sehr schönes Haus mit Notstromaggregat. Claudine, seine Frau, eine aparte Belgierin, ist im Kongo geboren. Sie kümmert sich um die bedrohten Bonobos, das sind den Schimpansen sehr ähnliche Affen im Regenwald des Kongobeckens. Wir müssen morgen ausführlicher darüber reden.

Punkt neunzehn Uhr fließt wieder Strom in die bessere Wohngegend Kinshasas. Wir können heim. Rasch kühlen und trocknen die Aggregate das Haus auf ein erträgliches Klima. Ohne dieses Kunstklima wäre unterm Betondach auch nachts an Schlaf nicht zu denken. Selbst geöffnete Fenster bringen keine Linderung, denn die hohen Mauern ringsum halten die feuchtwarme Luft gefangen, lassen keinen Windhauch ins Haus. Man wälzt sich dann schlaflos und schwitzend, ist am Morgen grantig und matt. Wie oft schon habe ich in Afrika solche Nächte verbracht! Hier geht es mir gut. Offenbar bevorzugen die Verwalter des Strommangels nachts die klimatisierten Wohngegenden, weil von dort die besser gefüllten Umschläge kommen.

Die Pflege des Kontakts zu den Stromverteilern der Stadtwerke obliegt Sassa. Heute war sie wieder dort. Sie hätten, sagten sie, ein technisches Problem im Hochspannungsteil. Für die Instandsetzung sei zwar Geld bewilligt worden, aber die Vorgesetzten hätten es für sich behalten. Also haben die Stromkunden zusammengelegt, damit die Panne trotzdem behoben wird.

Im *Potentiel* las ich einen Bericht aus der Hafenstadt Matadi vom dortigen Korrespondenten, Washington Lutumba, über den Ärger der Bürger mit den Stromausfällen. Dort verlangen einige Mitarbeiter der SNEL für jede Reparatur der öffentlichen Versorgungsleitungen von den betroffenen Haushalten nicht nur ein Trinkgeld, sondern auch noch die Bezahlung des Materials – Kabel, Ersatzteile. Wie in Kinshasa legen dann die vom Strom abgeschnittenen Nachbarn zusammen, um die geforderte Summe aufzubringen.

Die Folgen der ständigen Stromabschaltungen sind für die Bürger fatal. Das ganze kleine Handwerk muss dann die Arbeit einstellen, Kühlräume, Bäckereien, Krankenhäuser, die Restaurants der kleinen Leute – nichts funktioniert mehr in Matadi. Die Geduld der Bürger sei am Ende, schreibt der Korrespondent. Sie verlangten jetzt, dass die Leitung des Versorgungsunternehmens von einem *Expatrié* übernommen werde, der dafür sorgt, dass die Einnahmen nicht mehr zweckentfremdet werden und die Technik wieder zuverlässig funktioniert. Ein *Expatrié* ist in Afrika immer ein Weißer.

Die Leute sprechen Hans aus der Seele. »Wenn in einer Firma nur Kongolesen sind, funktioniert sie mit Sicherheit nicht. Hier muss immer ein Weißer die Oberaufsicht führen.«

Vor der Lektüre des Berichts aus Matadi hätte ich das als den für Hans typischen Rassismus abgetan. Er kennt noch viele Beispiele für seine These, sagt er. Aber: »Wenn der weiße Chef eine Niete ist, wird er in Afrika ebenso scheitern wie in Europa.« Auch dafür könne er Beispiele nennen …

Korrespondent der Weltbank

1991 plündern der Mob und das Militär in ganz Kinshasa. Die Weltbank zieht ihre Mitarbeiter ab

Den Rest des Abends erzählt mir Hans aus seinem Leben.

Als 1991 Kinshasa von der ersten großen Plünderungswelle heimgesucht wurde, wies die Weltbankzentrale in Washington ihr Büro in Kinshasa an, alles stehen und liegen zu lassen, alle Mitarbeiter sofort zu evakuieren. Eine Stunde vor Abflug fragte Weltbank-Repräsentant Christopher Trapman seinen Freund Hans: »Bleibst du hier? Dann wickle doch bitte alles ab, was hier noch unerledigt ist!« Hans hatte seine Familie vorsorglich schon nach Europa gebracht, er hatte Zeit und übernahm den Auftrag. Er brauche dafür aber ein Mandat, sagte Hans noch, und die Flüchtenden versprachen, ihm das von Washington aus sofort zu schicken. Und es kam wirklich über das Weltbankbüro in Brazzaville auf der anderen Seite des Kongo ein Schreiben der Weltbank, in dem er zum »Korrespondenten« der Institution für das damalige Zaire ernannt wurde. In der Woche bis zum Eintreffen dieses Briefes war allerdings ein Großteil des Inventars schon aus den Büros der Weltbank verschwunden. Hans ließ sich Visitenkarten drucken mit dem Zusatz »Banque Mondial«. Als ich ihn damals mit dieser Karte kennen lernte, war ich sicher, einen Hochstapler vor mir zu haben. Aber er war wirklich der Korrespondent, die Bestallung wurde Jahr für Jahr erneuert, zuletzt 2001. Da erst schickte Washington wieder einen eigenen Repräsentanten.

Solange gehörte Hans in Kinshasa quasi zum Diplomatischen Corps, wurde zu allen wichtigen Empfängen und Partys geladen.

»Den Unterschied zwischen Repräsentant und Korrespondent haben die hier nie kapiert.«

Viel Ehre – aber kein Geld. Bezahlt hat die Weltbank ihren Korrespondenten nicht.

»Aber ich hatte eine Menge Vorteile dadurch, war schon in Ordnung so.«

Hans sagt nicht so genau, welche Vorteile es waren. Sein neues Haus war es nicht, das hat er erst später gebaut. Zweimal aber hat er seine Visitenkarte in Europa gezielt eingesetzt:

»Da wollte eine Bank in Brüssel meinem Mulatten Macario kein Konto geben. Bin ich da mit meiner Karte hin und hab denen gesagt, dass ich der Vater bin, und dass sie sich noch wundern werden. Da sind die mir bis auf die Straße nachgelaufen, das sei doch ein Missverständnis gewesen mit dem Konto …«

Oder in Lissabon. Dort war eine Ladung Tropenholz im Wert von sechs Millionen Dollar angekommen, die zuvor der kongolesische Staatsminister Pierre Victor Mpoyo mit Billigung des (alten) Präsidenten Kabila im Hafen von Matadi den rechtmäßigen Besitzern einfach hatte wegnehmen lassen, damit es jetzt auf seine Rechnung verkauft werden konnte. Der Millionenerlös sollte auf sein Schweizer Konto fließen. Geschädigte waren einige Holzexporteure, die im Kongo noch tätig waren, und einer von ihnen war Hans. Jedem, der sich wehrte, drohte Mpoyo mit Verhaftung und Gefängnis. Kabila hatte Schulden bei ihm, die auf diese Weise beglichen werden sollten. Die Geschädigten klagten dennoch gegen die Demokratische Republik Kongo – aber nicht in Kinshasa, sondern in Lissabon. Als Zeuge der Kläger trat der Korrespondent der Weltbank in Lissabon auf. Niemand hätte glaubwürdiger sein können als Hans. Mpoyo musste das Holz wieder hergeben. Für die Heimreise hat Hans vorsichtshalber den Flughafen von Brazzaville genommen und für den Rest des Weges die überfüllte Fähre über den Fluss.

Am 7. Juli 1992 kam ein Ersuchen der Weltbank an ihren Korrespondenten, doch bitte bei der Rettung wichtiger Bestände des kongolesischen Nationalmuseums vor weiteren Plünderungen zu helfen. Zu diesem Zweck sollten die wertvollsten Stücke des Museums auf eine mehrere Jahre dauernde Ausstellungsreise durch die Museen der Welt geschickt werden. Sie sollten erst wieder nach Kinshasa zurückkehren, wenn dort geordnete Verhältnisse herrschten. Japan finanzierte das Unternehmen mit einer halben Million Dollar. Unterstützt von einigen örtlichen Fachleuten, die, so Hans, nur ab und zu mal ein Stück verschwinden ließen, um zu überleben. Mit deren Hilfe also wurden hundertzweiundsiebzig besonders wertvolle und schützenswerte Stücke aus dem Bestand des Museums ausgewählt und für die lange Reise sorgfältig verpackt. Die Wanderausstellung konnte ihre Reise beginnen. Da begehrte der Kultusminister des Kongo, die Exponate auf der ersten Etappe ihrer Reise zu begleiten – auf Kosten des Ministeriums. Die Reise ging nach Kanada. Kurz nach der Ankunft dort verlor sich die Spur der hundertzweiundsiebzig wertvollen Objekte afrikanischer Kunst – und auch die des Kultusministers. Hans hat den Verdacht, dass ein belgischer Kunsthändler damit zu tun hat, der während des Einpackens verdächtig oft im Museum zu Besuch war. Keines der verschwundenen Stücke ist bisher wieder aufgetaucht. Der Kultusminister auch nicht.

Mobutus Schulden-Milliarden

Als Mobutu 1997 todkrank und militärisch geschlagen durch die Hintertür vom Kongo nach Marokko entschwand, hinterließ er seinem Volk vierzehn Milliarden Dollar Schulden. Federführend dafür war auf Seiten der Gläubiger die Weltbank – in Kinshasa immer noch allein durch Hans vertreten, den »Korrespondenten«. Auf kongolesischer Seite gab es Laurent-Désiré Kabila, den ungehobelten Dicken. Der hätte gern über frisches Geld für den Kongo verhandelt – nicht aber über die alten Schulden des Landes. 1998 fiel nun Hans die Aufgabe zu, einen legitimen Repräsentanten des Kongo zur Anerkennung der alten Schulden zu bewegen. Es sollte, so befand man, der Präsident des Obersten Gerichts sein. Ihn hat Hans im Namen der Weltbank um die Anerkenntnis der alten Schulden ersucht – und sie auch erhalten. Inzwischen war aber der Bürgerkrieg ausgebrochen, und niemandem war nach neuen Krediten für den Kongo zumute.

Am 16. Januar 2001 dann, es war immer noch Bürgerkrieg, wurde Laurent-Désiré Kabila erschossen und zehn Tage darauf sein Sohn Josef ins Amt gehievt. Weil es im Kongo noch immer keinen offiziellen Repräsentanten der Weltbank gab, verhandelte wieder Hans, diesmal mit dem neuen Präsidenten. Jetzt sollte er unterschreiben. Aber das seien doch die Schulden von Mobutu, hieß es da in der *Présidence*. Und es dauerte Tage, bis man dort begriff, dass Mobutu die Schulden doch im Namen der Republik Kongo gemacht hatte und man deshalb weiter dafür verantwortlich sei – auch wenn Mobutu das Geld gestohlen hat. Er hat es ja der Republik gestohlen. Und Hans erhielt schließlich für die Weltbank auch Josef Kabilas Unterschrift. Mit dem unterschriebenen Original der Schuldanerkenntnis über vierzehn Milliarden Dollar ging Hans sofort zum DHL-Büro und schickte es nach Washington, zum Sitz der Weltbank.

»Die hundertzehn Dollar Fracht, die mich das gekostet hat, hab ich bis heute nicht wieder.«

Und keiner der Gläubiger hat auch nur einen der vierzehn Milliarden Dollar wiedergesehen. Die Anerkenntnis der alten Schulden war aber Voraussetzung für die Vergabe neuer Kredite an den Kongo. Reine Formsache. Irreführend ist dabei der Begriff »Kredit«, denn weder bei dem alten noch dem neuen Geld denken Geber und Empfänger wirklich an Rückzahlung. Bestimmt ist irgendwann auch der Kongo mit einem Schuldenerlass an der Reihe.

Dann denkt vielleicht jemand daran, auch die Botschaft des Kongo in Deutschland aus ihrer traurigen Lage zu befreien. Die sitzt immer noch in dem unscheinbaren, aber eigenen grauen Haus in Rolandseck bei Bonn und hat Schulden in Höhe von angeblich eineinhalb Millionen Euro. Schon unter Mobutu hatte Kinshasa der Botschaft weder Geld für den laufenden Betrieb noch für die Gehälter der Diplomaten geschickt. So fand ich eines Winters die Botschaft völlig ausgekühlt vor, Botschafter Mabolia hinter seinem Schreibtisch im Wintermantel mit Wollschal. Die Stadt hatte wegen unbezahlter Rechnungen Strom und Gas abgedreht. In der Botschaft roch es nach Küche. Der Erste Sekretär hatte einen Teil des Hauses zu seiner Wohnung gemacht, nachdem er in der bisherigen die Miete schon lange schuldig geblieben war.

Im April 1999 ernannte Kabila Paul Bandome zum neuen Botschafter des Kongo in Deutschland und berief den bisherigen, Mabolia, samt seiner Mannschaft ab. Mabolia reiste ab, seine Mannschaft aber nicht. Die drei Diplomaten verlangten, dass Kinshasa zuvor ihre ausstehenden Gehälter bezahlt und auch die übrigen Schulden begleicht. Jetzt, 2006, ist das schon sieben Jahre her, und die Gläubiger der Botschaft warten immer noch auf ihr Geld. Und so lange wartet auch Paul Bandome schon darauf, seinen Botschafterposten antreten zu dürfen. Wegen der Schulden verweigert ihm aber das Auswärtige Amt die Akkreditierung. So sitzt der verhinderte Botschafter noch immer auf gepackten Koffern im Kongo. Sonntags, erzählt Hans, kommt er manchmal im Jogginganzug vorbei und fragt, ob Hans nicht noch einmal mit der Botschafterin reden wolle, damit er endlich umziehen könne.

Unversiegbare Quelle des Reichtums

... wenn der Regenwald erhalten bliebe

Lange schon hatte sich Hans über das große Interesse der Weltbank ausgerechnet am Kongo gewundert – früher wie heute –, über den großzügigen Umgang mit den Altschulden und die riesigen neuen Kredite – auf vierzig Jahre. Bis ihn ein führender Vertreter der Weltbank ins Vertrauen zog:

»Die sind steinreich. Das wissen die nur nicht. Es gibt Leute, die würden noch viel mehr Milliarden geben, wenn sie die Monopole bekämen.«

»Monopole wofür? Diamanten, Metalle?«

»Nein, Wasser! Gulf Oil, Shell ... alle wären gern dabei.« Und dann kam er mit einer Vorstudie. Da ging es um vierzigtausend Kubikmeter Wasser pro Sekunde im Jahresmittel. »Ökologisch völlig unbedenklich.«

Das Wasser des Kongo, so die Idee, könnte per Pipeline in die wasserarmen Gegenden des Nahen Ostens transportiert werden. Technisch ist Wasser viel einfacher durch Pipelines zu pumpen als Öl, und auch den Strom dafür könnte der Kongo liefern. Dann würde man, so Hans, den Arabern mit dem Wasser das Geld wieder abnehmen, das die vorher dem Westen mit ihrem Öl abgenommen haben. Deshalb sei auch manchen Leuten plötzlich der Schutz des Regenwalds im Kongobecken so wichtig – nicht wegen des Klimas, auch nicht wegen des Wildes, sondern damit es dort weiter so reichlich regnet und man das Wasser verkaufen könne.

»Wasser wird das Geschäft überhaupt! Ohne Wasser gibt es auch keinen Frieden in Israel. Denn solange die keine andere Wasserquelle haben, werden sie weiter den Palästinensern ihr Wasser wegnehmen. Und auch für den Kongo wäre das die Lösung aller Probleme. Dann gibt's hier Geld für's Nixtun – wie bei den Arabern.«

Die größte Gefahr für dieses Zukunftsprojekt seien die jetzigen Bewohner des Regenwalds, sagt Hans. Die wenigen Forstfirmen, die dort jetzt noch Holz schlagen, könnte man abfinden für die Aufgabe ihrer Konzessionen. Aber was tun mit den Millionen Afrikanern, die in und von diesem Wald leben und die auf Dauer diesen Wald zerstören werden – und damit die wichtigste Voraussetzung für die Zukunft des Wasserreichtums? Man müsste sie, meint Hans, am Erlös für das Wasser aus ihrem Wald beteiligen, sie mit diesem Geld aus dem Wald in die Stadt locken, wo sie für ihre Nahrung nicht mehr auf die Jagd gehen müssen, sondern in den Supermarkt.

Das hieße, den ganzen großen Regenwald unter Naturschutz zu stellen. Betreten verboten! Laut Rainforest Foundation wohnen dort fünfunddreißig Millionen Menschen. Eine gewisse »Waldflucht« gibt es zwar schon, denn das Leben wird immer härter, weil durch übermäßiges Jagen die Wildbestände schon sehr geschrumpft sind. Es klingt dennoch utopisch, den ganzen Wald entvölkern zu wollen. Aber Hans ist ganz sicher: Es gibt keinen anderen Weg, diesen Wald zu erhalten. Meldungen über die fortschreitende Zerstörung des Regenwalds in Brasilien geben ihm Recht.

Der Kongo ist nur auf den siebzehnhundert

Kilometern zwischen Kisangani und Kinshasa schiffbar. Gleich oberhalb Kisanganis versperrt ein Wasserfall den Weg, flussabwärts von Kinshasa geht es wegen Stromschnellen nicht weiter. Und kurz bevor der Fluss den Seehafen Matadi erreicht, tosen die Wassermassen auf einer Strecke von nur fünfzehn Kilometern noch einmal hundertzwei Meter in die Tiefe. Hier könnte mit der Wasserkraft so viel Strom produziert werden, dass es für ganz Afrika reichte. Vierzigtausend Megawatt sauberer Strom. Dafür bräuchte man zwar einen Damm, aber keinen Stausee, denn der Kongo fließt das ganze Jahr hindurch fast ohne Schwankungen der Wassermenge. Seine Zuflüsse liegen sowohl nördlich als auch südlich des Äquators. Irgendwo im Kongobecken ist immer Regenzeit.

In den siebziger und achtziger Jahren wurde schon mal ein kleiner Teil dieser Wasserkraft nutzbar gemacht. Inga 1 und Inga 2 heißen die beiden Ausbaustufen – finanziert mit bis heute nicht zurückgezahlten Krediten. Ein Teil des Flusses wurde seitlich in ein bis dahin trockenes Tal umgeleitet, dort mit einer Mauer aufgestaut und durch vierzehn Turbinen geschickt, die zusammen achtzehnhundert Megawatt produzieren könnten. Tun sie aber nicht, jedenfalls nicht mehr, denn die kanadische Firma, die das Wasserkraftwerk hätte warten sollen, hat schon bald die Arbeiten wieder eingestellt, weil ihre Rechnungen nicht bezahlt wurden. So verkam die teure Technik, und die Stromausbeute sank nach und nach auf weniger als tausend Megawatt. Deshalb jetzt die ständigen Stromausfälle in Kinshasa und Matadi. Aber zum Glück ist seit 2002 die Weltbank wieder da. Und die scheut keine Kosten, Inga 1 und 2 wieder so weit instand zu setzen, dass wenigstens tausend Megawatt zuverlässig fließen.

Gleichzeitig sucht die Regierung des Kongo private Geldgeber, die Inga 1 und 2 wieder auf die volle Leistung von achtzehnhundert Megawatt bringen. Als nächstes sollen dann private Investoren neue Turbinen installieren, Inga 3, für weitere fünfzehnhundert bis dreieinhalbtausend Megawatt. Die Krönung aber soll »Groß Inga« werden mit bis zu achtundfünfzig Turbinen und neununddreißigtausend Megawatt Leistung, fast doppelt so viel wie alle deutschen Kraftwerke zusammen. Und alles Öko. Ein ebenso gigantisches Hochspannungsnetz soll diesen Strom über ganz Afrika verteilen – vom Kap bis zum Mittelmeer.

Technisch wäre das sicher zu machen. Aber auch wirtschaftlich? Wer könnte denn in Afrika so viel Strom verbrauchen – und vor allem auch bezahlen? Müsste nicht vor dem Strom das Alphabet erst größere Verbreitung finden?

Das Elend und die Korruption

Die Korruption gilt als Hauptursache des afrikanischen Elends

Im *Potentiel* finde ich eine halbseitige Annonce der staatlichen Bank zur Koordinierung der Entwicklungshilfe, BCECO. Darin werden Fachleute, die die Finanzierung des Kraftwerkprojekts organisieren könnten, aufgefordert, sich zu melden. Sie sollen sich beim Generaldirektor der Bank melden, bei Matata Ponyo. Der ist ein alter Bekannter von Hans.

»Den kannte ich immer nur als Fußgänger. Kaum hatte er den Chefposten bei der Bank, fuhr der privat einen dicken Mercedes.« So ein Auto ist im Kongo selbst mit einem Bankdirektorengehalt nicht zu finanzieren.

Matata Ponyos Bank hat die Aufgabe, das viele Geld entgegenzunehmen, das in Form von Krediten und Geschenken so reichlich auf den Kongo niederregnet. Hier werden die Ausschreibungen organisiert, die Aufträge vergeben, das Geld verteilt. Ein Milliardenunternehmen. Und natürlich soll dabei alles ganz korrekt zugehen. Das wäre allerdings für den Kongo nicht typisch.

Hans hat einmal einen seiner Freunde bei der Weltbank arglos gefragt, warum denn die Verteilung von so viel Geld nicht sorgfältiger von außen überwacht werde. Da sei sein Gesprächspartner richtig ärgerlich geworden: Das müsse man den Kongolesen schon selber überlassen, es sei ja schließlich ihr Geld, nachdem man es ihnen einmal gegeben habe.

Tatsächlich gehörte es zu den Regeln der Weltbank, sich nicht einzumischen, wenn bei der Vergabe von Entwicklungshilfeaufträgen, die die Weltbank finanzierte, Korruption im Spiel war. Dem nachzugehen wurde als Einmischung in die inneren Angelegenheiten des Empfängerstaates gesehen, und die ist nach der Satzung der Bank verboten. Deshalb galt für Weltbankmitarbeiter die eiserne Regel: Kein Wort über Korruption! Nur nicht darüber reden! Auch nicht, wenn sie einem auf Schritt und Tritt begegnete.

Einer, Peter Eigen, damals als Direktor der Weltbank in Afrika stationiert, wollte aber nicht schweigen, er wollte zusammen mit anderen endlich gegen die allgegenwärtige Korruption vorgehen. Doch das wurde ihm und seinen Freunden, als man in Washington von der Sache erfuhr, in einer Anweisung der Rechtsabteilung der Weltbank nachdrücklich untersagt. Dann wollte Eigen wenigstens privat in seiner Freizeit etwas unternehmen gegen dieses Übel. Es kam wieder ein Verbot – diesmal vom damaligen Weltbankpräsidenten Conable persönlich. Peter Eigen verließ darauf nach fünfundzwanzig Jahren vorzeitig die Weltbank und gründete zusammen mit einigen Gleichgesinnten »Transparency International« (TI). Das war 1993.

2005 lese ich im *Potentiel* ein Interview mit Matata Ponyo, dem Hüter der Weltbankmilliarden. Der Reporter konfrontiert ihn mit Klagen über einen Mangel an Transparenz bei der Vergabe der Mittel. Ponyo weist das weit von sich. Alles verlaufe streng nach den Regeln. Das werde von den Geldgebern auch kontrolliert. Da habe es noch nie Beanstandung gegeben. (Die konnte es nach den

Regeln der Weltbank ja auch nicht geben!) Dann aber spricht er doch von der »patriotischen Pflicht zur Bekämpfung der Korruption«, damit der Kongo sich entwickeln könne. Solcher Pathos klingt verdächtig. Und so findet sich schon ein paar Sätze weiter das Eingeständnis, dass es da und dort doch den einen oder anderen Korruptionsfall gebe.

Überschrieben ist das Interview mit dem Ponyo-Zitat: »Ohne gutes Regieren sind die Dollarmilliarden ein Schlag ins Wasser.« So sicher scheint Herr Ponyo also nicht zu sein, dass die ihm anvertrauten Milliarden wirklich die Entwicklung des Kongo bewirken. »Dazu«, sagt er, »bedarf es mehr als nur der Milliarden, wichtig ist, dass der Staat funktioniert, aber dazu sind Reformen nötig.« Reformen in einem Staat, der von Kriegsherren geleitet wird, die an kriminellen Vereinigungen beteiligt sind und dabei glänzend verdienen?

Stattdessen startet 2006 völlig überraschend die Weltbank einen Feldzug gegen die Korruption. Spät, sehr spät, kommt sie unter ihrem neuen Präsidenten Paul Wolfowitz zu der Einsicht, Korruption sei tatsächlich eine »Krankheit«, die Wachstum untergrabe und Investoren abschrecke. Endlich will von nun an die Weltbank Schuldenerlass und neue Kredite nur noch Regierungen gewähren, die das durch »gute Regierungsführung und Transparenz verdienen«.

Für die Weltbank ein großer Schritt. Für Peter Eigen ein später Triumph. Für Afrika aber ist es noch lange nicht das Ende von Korruption und Misswirtschaft, denn schon winken andere mit ihren Milliarden.

»Lasst uns endlich in Ruhe mit eurem Geld«

Afrikanische Intellektuelle fordern ein Ende der Entwicklungshilfe, sie behindere die Entwicklung Afrikas und verlängere das Leid der Afrikaner

Im schottischen Gleneagles hatten 2005 die Teilnehmer des G8-Gipfels beschlossen, achtzehn der ärmsten Entwicklungsländer alle Schulden zu erlassen, zusammen vierzig Milliarden Dollar. Von den achtzehn Ländern liegen vierzehn südlich der Sahara. Außerdem beschlossen die Acht, die Entwicklungshilfe für Afrika bis 2010 um fünfundzwanzig Milliarden Dollar jährlich zu erhöhen. »Es ist nicht das Ende der Armut in Afrika, aber es gibt die Hoffnung, dass sie beendet werden kann«, sagte dazu der Initiator des Plans und Gastgeber des Gipfels, Tony Blair. Und es kümmerte ihn wenig, dass er mit seinem Optimismus ziemlich allein stand. Besonders deutlich kritisierte Nicky Oppenheimer den neuen Geldregen für Afrika. Oppenheimer ist Vorstandschef des südafrikanischen Diamantenkonzerns »De Beers« und nennt sich Afrikaner in der dritten Generation. In einer Rede vor dem Londoner »International Institute for Strategic Studies« (IISS) nannte er dieses Geld eine Spende, die nur das schlechte Gewissen der Industrieländer besänftigen solle und damit nichts anderes sei als eine Fortsetzung der kolonialen Arroganz viktorianischer Zeit und ihrer Missionare. Afrika habe seit der Unabhängigkeit seiner Staaten bereits mehr als eine Billion Dollar Entwicklungshilfe erhalten (das sind tausend Milliarden!) und stehe heute ärmer da als zuvor. Entwicklungshilfe erhöhe nur die Abhängigkeit vieler afrikanischer Staaten von Almosen und verleite zu noch mehr Korruption. Hilfreich sei allein strategische Unterstützung für den Kontinent.

Auch die Grüne Uschi Eid, Ex-Staatssekretärin im BMZ und Afrika-Beauftragte des ehemaligen Bundeskanzlers Gerhard Schröder, verurteilte die »massive Gebermentalität« des Gipfels von Gleneagles: »... dann legen wir das doppelte Geld auf den Tisch, lösen damit aber nicht die Probleme Afrikas.« Nur zu fördern, aber nicht zu fordern, sei der falsche Weg. Die Afrikaner müssten eigene Anstrengungen nachweisen, auch unpopuläre Reformen. Und sie müssten gegen die Korruption vorgehen. Bisher fehlten die nötigen staatlichen Strukturen, so viel Geld überhaupt sinnvoll auszugeben. »Darüber spricht man viel zu wenig in der Debatte.« Und wenn, dann nur ganz leise. Da hört man dann, dass durchaus genügend Geld für Afrika vorhanden sei. Das Problem sei aber das Fehlen geeigneter Entwicklungsprojekte und entsprechender Rahmenbedingungen. In vielen Ländern Afrikas fehle es an »Absorptionsfähigkeit«. Uschi Eid: »Was nützt der Bau einer Straße, wenn es kein Straßenbauamt gibt, das die Straße unterhält?«

Außerdem sei der Geldsegen schädlich für die Demokratisierungsbemühungen, wenn Fortschritte dabei nun keine Vorbedingung mehr seien. Und NEPAD (»New Partnership for Africa's Development«), die von Afrikanern selber angeschobene »Vision and Strategic Framework for Africa's

Renewal«, drohe von der Blair-Initiative »unter Geld buchstäblich begraben zu werden«.

Während des Gipfels telefoniere ich mit meinem Kollegen Andrew Mwanda in Kampala, Uganda. »Die Entwicklungshilfe behindert massiv die Demokratisierung Afrikas,« sagt er. »Wenn die Regierenden einen so großen Teil ihres Budgets nicht vom eigenen Volk erhalten, sondern vom Ausland, dann braucht es sie nicht zu kümmern, wie ihr Volk über sie denkt.« Mit Entwicklungshilfe werde nur die Inkompetenz der afrikanischen Führer verschleiert. Der Westen solle endlich damit aufhören – und zwar ganz. Kein Geld mehr und kein Schuldenerlass für Afrika, fordert er, damit die Afrikaner endlich gezwungen sind, ihre Zukunft selber in die Hand zu nehmen. Und Mwanda ist nicht der einzige Afrikaner, von dem ich das höre. »Lasst uns endlich in Ruhe mit eurem Geld!«, sagte mir Professor Roger Gbengnovi in Benin. Nur dann hätten sie eine Chance, ihre unfähigen und korrupten Regierenden endlich loszuwerden.

Auch der kenianische Wirtschaftsfachmann James Shikwati ist entsetzt über den in Schottland beschlossenen Geldregen für Afrika: »Damit schaden uns die westlichen Industrieländer schon seit vierzig Jahren. Wenn sie den Afrikanern wirklich helfen wollen, sollten sie endlich diese furchtbare Hilfe streichen. Jenen Ländern, die die meiste Entwicklungshilfe kassiert haben, geht es am schlechtesten. Trotz der Milliarden, die geflossen sind, ist der Kontinent arm ... Die Afrikaner werden nur zu Bettlern erzogen und zur Unselbständigkeit. Außerdem schwächt die Entwicklungshilfe überall die lokalen Märkte und den Unternehmergeist.

Entwicklungshilfe ist einer der Gründe für die Probleme Afrikas. Wenn sie abgeschafft würde, bekäme das der kleine Mann in Afrika gar nicht mit. Nur die Funktionäre wären schockiert. Darum behaupten sie, die Welt ginge unter ohne diese Hilfe.«

Die Finanzminister Südafrikas und Ghanas, Trevor Manuel und Kwandwo Baah Wiredu, sind sich einig: Solange die Afrikaner nicht ihr eigenes Haus in Ordnung bringen, ist alle Hilfe vergebens.

Der Kenianer Korwar Adar, Leiter der Forschungsabteilung des südafrikanischen »Africa Institute« bezweifelt, dass es der Westen mit Afrika überhaupt ernst meint. Wenn er es nämlich ernst meinte, würde er erst mal die Milliarden Dollar zurück nach Afrika schicken, die korrupte Politiker und ihre Helfer auf verschwiegene Konten der Industrieländer geschafft haben. Und für diese Korruption macht er ausdrücklich nicht die Afrikaner allein verantwortlich.

»Auch wer Schmiergeld zahlt, macht sich schuldig.«

Herbert Ross, Analyst am »South African Institute for International Affairs«, wundert sich, dass es immer noch westliche Politiker gibt, die gewaltige Summen nach Afrika schicken, ohne sich ernsthaft darum zu kümmern, was dann daraus wird.

»Wenn man Milliarden von Dollars an eine schlechte Regierung gibt, wird man damit nichts Positives erreichen. Man muss vorher die Qualität des Regierens verbessern.«

Weil das aber nicht geschieht, glauben Ross und sein Kollege Korwar Adar nicht daran, dass mit den von Tony Blair angeschobenen Milliarden in Afrika irgendeine Verbesserung erreicht werden kann. Adar spricht sogar von einem schmutzigen Spiel des Westens, der afrikanischen Staatschefs und sogar Kriegsherren weiterhin Waffen verkauft, mit denen die Zerstörung Afrikas fortgesetzt wird.

Immer mehr Afrikaner sehen einen klaren Zusammenhang zwischen der fortgesetzten Hilfe und der fortdauernden Unterentwicklung. Mwanda kennt kein einziges Entwicklungshilfeprojekt, das den Afrikanern dauerhaft geholfen hätte. Auch mit Roger Gbengnovi habe ich in Benin vergeblich nach einem solchen Projekt gesucht – aber viele große neue Politikervillen gefunden. Nach fünfundzwanzig Jahren in der Entwicklungshilfe der Weltbank schreibt Peter Eigen in seinem Buch »Das Netz der Korruption«: »Allmählich erkannte ich, dass die Korruption das Grundübel der bisherigen Entwicklungshilfe und die zentrale Ursache für den Misserfolg fast aller Entwicklungsbemühungen ist … Mit dieser Einschätzung war ich nicht allein. Nicht nur viele Entwicklungshelfer und Unternehmer teilten meine Meinung, sondern auch die junge afrikanische Elite von Intellektuellen.«

Mwanda: »Die Hilfsindustrie setzt im Jahr sechzig Milliarden Dollar um. Zigtausend Europäer und Amerikaner werden davon bezahlt. Die sind alle daran interessiert, dass dieses verrückte System bestehen bleibt. Als die Briten 1962 Uganda verließen, gab es siebzig Verwaltungsbeamte. Heute arbeiten hier mehr als fünftausend Hilfeexperten. Man könnte fast meinen, dass wir als Kolonie unabhängiger waren als heute.«

Tony Blair will, wenn die fünfundzwanzig Milliarden Dollar nicht wirken, noch fünfundzwanzig Milliarden drauflegen.

Dabei könnte der Kongo – wie so viele rohstoffreiche Länder Afrikas – seine Entwicklung durchaus selber finanzieren – auch wenn nichts werden sollte aus dem fantastischen Plan, das Wasser und den Strom des Flusses in großem Stil zu exportieren. In der Erde lagern Kupfer, Zinn, Kobalt, Coltan, Gold, Diamanten, Öl, der fruchtbare Boden und das Klima sind ideal für Baumwolle, Kaffee, Tee, Kakao, Palmöl, Kautschuk – und für genug Nahrung, um eine zwei- bis dreimal so große Bevölkerung ausreichend zu versorgen.

Trotzdem sank das Bruttosozialprodukt pro Person von 1990 bis 2000 von sechsundvierzig US-Cent auf neunzehn pro Tag. Aktuellere Zahlen gibt es nicht. 2005 gingen nur noch fünfzig Prozent der schulpflichtigen Kinder zur Schule, fast die Hälfte der Bevölkerung ist ohne medizinische Versorgung, sauberes Wasser gibt es nur für ein Viertel der Bevölkerung – und das auch nicht immer. Im Jahr 2000 hatten von hundert arbeitsfähigen Menschen nur vier einen bezahlten Arbeitsplatz. Das Land häufte im Ausland Schulden von inzwischen mehr als fünfzehn Milliarden Dollar an. Millionen Kongolesen werden von ausländischen Hilfsorganisationen mit importierter Nahrung nicht nur versorgt, sondern überhäuft.

Weder im Kongo noch irgendwo sonst in Afrika hat der Westen mit Nahrungsmittel- und Entwicklungshilfe die für Afrika so typischen Probleme gelöst, denn es wurden damit immer nur die Symptome bekämpft, nicht aber die Ursachen. Ich habe einen Afrikaner getroffen, der zeigt, dass es auch anders geht: Pfarrer Kanema. Ihn traf ich 1994 mitten im Kongo. Er spricht fließend Deutsch, denn er hatte ein Stipendium zum Studium in Bayern. Jetzt betreut er eine ländliche Gemeinde im tiefen Busch im Land der Mongo. Die Leute, erzählte er mir, betrieben die in Afrika übliche Subsistenzwirtschaft, bauten also gerade so viel Nahrung an, dass sie genug zu Essen hatten. Mehr nicht. Für alles, was sie außer dem Essen noch brauchten, waren sie, wie überall in Afrika, daran gewöhnt, milde Gaben frommer Europäer zu erhalten. Damit hat Kanema Schluss gemacht. Keine Almosen mehr, hat er den Leuten gesagt. Jetzt zähle nur ihre eigene Leistung. Wenn sie mehr als nur ihr tägliches Essen wollten, dann sollten sie etwas produzieren, das man gegen dieses Mehr eintauschen kann. Sie sollten also mehr als nur die eigene Nahrung anbauen und ernten und den Überschuss bei ihm abliefern. Seitdem stapeln sich beim Pfarrer die Säcke mit Reis. Den verkauft Kanema und kommt so zu Geld, zum Beispiel für einen besseren Brunnen oder Moskitonetze, Dinge, die es früher nicht gab – oder nur als Spende aus Europa. Entwicklung zur Eigeninitiative durch Entzug von Geschenken!

Freitag, 11. März 2005
Selbstbedienung im Regenwald

Kleine Preisabsprachen und große Raubzüge

Ich höre zum Frühstück *Radio Okapi*: »Im Gebiet von Walungi, Süd-Kivu, nimmt nach Angaben des Welternährungsprogramms die Zahl der Flüchtlinge dramatisch zu. Grund sind die fortgesetzten Belästigungen der Bevölkerung durch bewaffnete Banden. Das Welternährungsprogramm müsse jetzt einige laufende Projekte aussetzen, um vorrangig den Tausenden neu ankommender Flüchtlinge zu helfen. Der Verantwortliche des Büros der Welthungerhilfe im Süd-Kivu teilte mit, dass bald der Punkt erreicht sei, an dem man nicht mehr allen Opfern werde helfen können. Die Regierung müsse dringend Maßnahmen zur Beendigung der Übergriffe treffen.«

Aber das tut die Regierung nicht. Wie sollte sie auch, wenn doch die Anführer der wichtigsten bewaffneten Banden selber an dieser Regierung beteiligt sind?

Hans will sich heute im Hafen von Kinshasa um sein Holz kümmern, das auf den Weitertransport zum Seehafen Matadi wartet. Alles makellose Stämme, die er auf dem großen Holzplatz direkt am Fluss liegen hat, an die zwei Meter dick, Jahrhunderte alte Bäume. Es gäbe noch dickere, aber die ließe man stehen, weil es für den Transport und die Verarbeitung so dicker Stämme keine Maschinen gibt.

Der Regenwald des Kongobeckens ist mit seinen zweieinhalb Millionen Quadratkilometern (nach dem Amazonasbecken) der zweitgrößte noch vorhandene Regenwald der Erde. Und der liegt zur Hälfte in der Republik Kongo. Sechzig Millionen Hektar gelten als wirtschaftlich nutzbar. Und diese Nutzung geschah bis vor kurzem nach Art des Landes: chaotisch. Die Weltbank hat versucht, Ordnung in diesen »Selbstbedienungsladen« der Mächtigen zu bringen. So wurden 2002 auf Drängen der Bank hundertdreiundvierzig Waldkonzessionen zweifelhafter Herkunft aus der Mobutu-Zeit annulliert. Doch der illegale Holzeinschlag war damit nicht unterbunden. Im Hafen sehe ich Berge dünner Stämme aller nur möglichen Holzarten liegen, auch der minderwertigen. »Wahllos abgesägt, nur weil sie vom Flussufer leicht zu erreichen und abzutransportieren waren«, sagt Hans. Mit solchem Holz wird auf dem lokalen Markt das schnelle Geld gemacht. Da zählt nur Masse. Diese Plünderer, sagt Hans, Einheimische, viele mit gefälschten Konzessionspapieren, zerstören wirklich den Wald – und nicht die seriösen Konzessionäre, die nur die wenigen wertvollen Stämme für den Export herausschlagen und den Rest stehen lassen. Davon nämlich erhole sich der Wald wieder.

Theoretisch ist das sicher so. Praktisch aber folgen den vielleicht wirklich verantwortungsvollen Holzfällern Einheimische, nutzen die entstandenen Wege und Schneisen, um das eigentliche Zerstörungswerk zu beginnen mit Kahlschlag und Brandrodung für Ackerbau und Wilderei. So dienen die »guten« Holzfäller den eigentlichen Zerstörern des Waldes als Wegbereiter. Dass dieser riesige Regenwald jetzt noch in so gutem Zustand ist, liegt nur an der miserablen Infrastruktur des Kongo, an fehlenden Straßen und Wegen. Wären die nicht unter Mobutu so heruntergekommen, hätte der Wald längst viel größeren Schaden genommen.

Die Weltbank will nun helfen, das Versäumte nachzuholen, den Holzeinschlag in Schwung zu bringen.

Wir gehen essen bei Gaby. Heute ist Hans dort mit einem Konkurrenten verabredet, einem Portugiesen, der auch fertig geschlagenes Holz im Kongo kauft und nach Europa exportiert – in ganzen Stämmen oder gesägt. Die beiden treffen sich hier regelmäßig zum Essen. Zusammen mit einem Dritten haben sie im Kongo ein kleines Kartell gegründet, sprechen untereinander die Preise ab, zu denen sie ihr Holz einkaufen und verkaufen. Hans hatte die Idee dazu und konnte die beiden anderen zum Mitmachen überreden.

»Mein kleines Frühstückskartell! Funktioniert prima!«

Kleine Fische, ganz kleine – verglichen mit dem großen Rad, das andere hier drehen!

»Hier sind kriminelle Vereinigungen am Werk, bestehend aus hohen und höchsten Regierungsmitgliedern. Da lassen die sich mehr als die Hälfte ihres Staatshaushalts von Europa und Amerika finanzieren, können selbst nicht mal eine Straße reparieren, aber die reichlich vorhandenen Bodenschätze werden unter der Hand ins Ausland verscheuert. Lies mal die Berichte der UNO-Expertenkommission!«

Ich lese.

Der UNO-Sicherheitsrat beauftragte 2001 eine Expertenkommission mit der Untersuchung der

»illegalen Ausplünderung von Bodenschätzen und anderen Gütern der Demokratischen Republik Kongo«. Die Kommission legte am 8. Oktober 2002 ihren ersten Bericht vor. Darin steht, dass zahlreiche Geschäftsleute, Militärs und Regierungsmitglieder des Kongo in kriminelle Machenschaften verwickelt sind. Und es werden Namen genannt – auch prominente Namen. Im Sicherheitsrat horchte man auf und beauftragte die Kommission, ihre Arbeit fortzusetzen und dabei vor allem herauszufinden, welche Zusammenhänge womöglich bestehen zwischen dieser illegalen Ausplünderung und den fortgesetzten Kampfhandlungen im Land, den Menschenrechtsverletzungen, dem Flüchtlingselend. Es folgten zwei weitere Berichte der Kommission, der letzte in diesem Buch zitierte ist vom 26. Juli 2005.

Die Recherchen der Kommission konzentrierten sich auf illegale Geschäfte mit Diamanten, Gold, Coltan, Kupfer, Kobalt, Holz und Wild – mit den natürlichen Reichtümern des Kongo also. Man entschied sich dort zu recherchieren, wo politisch und wirtschaftlich mächtige Gruppen ihr Ausplünderungsgeschäft mit wörtlich »oft großer krimineller Energie betreiben«. Die Kommission fand für diese Gruppen den beschönigenden Begriff »Elite-Netzwerke«. Es waren drei:

Erstens die damalige Regierung in Kinshasa mit Simbabwe als Bündnis- und Geschäftspartner. Kabila regierte in Kinshasa noch allein.

Zweitens Uganda und die von Uganda kontrollierten Rebellen und Milizen im Kongo.

Drittens Ruanda und die von Ruanda kontrollierten Rebellen und Milizen im Kongo.

In diese drei Machtbereiche war 2001 der Kongo aufgeteilt. Jeder eine schwer bewaffnete kriminelle Vereinigung, die mit Unterstützung ausländischer Helfer den größtmöglichen Gewinn aus dem Land zog und sich dazu rücksichtslos seiner Waffen bediente. (Dieselben bewaffneten Beteiligten gibt es auch 2006 noch. Nur sind sie aufgrund eines Friedensabkommens seit 2003 sogar an der Regierung beteiligt.)

Unter internationalem Druck haben sich 2002 die regulären Truppen der Nachbarn offiziell zwar zurückgezogen. Tatsächlich sind sie aber geblieben. Dazu der Bericht: »So willkommen der Rückzug der Truppen war, so wenig änderte er an der Entschlossenheit Ruandas und Simbabwes sowie einiger ugandischer Individuen, Teile des Kongo weiterhin unter ihrer wirtschaftlichen Kontrolle zu behalten … ihre wirtschaftlichen Interessen nach dem Abzug mit anderen, vielfach auch kriminellen Mitteln weiter zu verfolgen.« Das ist auch 2006 noch der Stand der Dinge.

Ist denn dieses Land vollständig in der Hand von Kriminellen? Nein, sagt Hans, nicht das ganze Land. Im Bas-Congo, also in der Gegend von Kinshasa flussabwärts, sei Diebstahl durchaus eine Schande. Dort hätten sie nämlich schon seit fünfhundert Jahren Kontakt mit Weißen.

»Da sind sie christlich erzogen, da ist es eine Schande, öffentlich als Dieb bezeichnet zu werden. Aber im Norden, bei den Mongo-Völkern, da ist Stehlen ein richtiger Sport.«

Und es fällt ihm die Geschichte von dem jungen Mongo ein, den der Vater seiner Erwählten als Schwiegersohn abgelehnt hatte. Darauf reiste der Verschmähte nach Kinshasa und stahl dort ein Flussschiff, einfach so. Damit tuckerte er den Kongo aufwärts und auch noch den Nebenfluss Ruki – bis nach Hause. Dort wurde er als Held empfangen – und war jetzt als Bräutigam der Tochter hoch willkommen. Verwerflich ist es nur, jemanden vom eigenen Stamm zu bestehlen.

»Es wird auch keiner bestraft, wenn er klaut. Da bekommt der Polizist was ab und wenn nötig der Richter, und dann ist die Sache erledigt. Und das ist ja auch besser so. Würde nämlich einer, der mich beklaut hat, ins Gefängnis kommen, dann müsste ich den da auch noch ernähren, sonst verhungert der. Denn wehe, dem passiert im Gefängnis was. Dann ist das meine Schuld, und dann habe ich den ganzen Stamm am Hals.«

Es ist also kein Wunder, dass es im reichen Kongo um die Staatskasse so schlecht steht. Und ohne Geld kann die Regierung dort, wo die Reichtümer im Boden liegen, »leider« nicht für Ordnung sorgen. Deshalb bleibt es dort bei den unruhigen, fürs Plündern so vorteilhaften Verhältnissen.

Geisterflugzeuge mit verbotener Ladung

Natürlich erfordern kriminelle Geschäfte eine angemessene Logistik. Aus dem Bericht der UN-Experten-Kommission: »Die Netzwerke werden in ihren wirtschaftlichen Aktivitäten unterstützt von Dienstleistern organisierter grenzüberschreitender krimineller Vereinigungen für Lufttransport, illegalen Handel mit Waffen und Bodenschätzen des Kongo.«

»Hierfür werden in der Regel einmotorige

Flugzeuge vom Typ Antonov-2 eingesetzt, zweimotorige Antonov-8, Antonov-28 und Antonov-32, die alle auch auf schlechten oder provisorischen Pisten landen können. Es wurde festgestellt, dass diese Flugzeuge von Geschäftsleuten an größeren Flughäfen im Osten des Kongo gechartert wurden oder in Burundi, Ruanda oder Uganda.«

Wenn sie diesen illegalen Flugverkehr stoppen könnten, sagen die UNO-Inspektoren, dann wäre dem Kriegführen und dem Plündern die logistische Grundlage entzogen.

Aber schon das Nachbarland Ruanda lehnt jede Zusammenarbeit mit den UNO-Experten ab, wenn es um die Aufklärung illegaler Lufttransporte zwischen Ruanda und dem Kongo geht. Ruandische Militärs vereiteln jeden Versuch der UNO, diese offensichtlich illegalen Transporte zu stoppen. In Uganda verwehren die Militärs den UNO-Leuten jeden Zugang zum militärischen Teil des Internationalen Flughafens Entebbe und jede Information über die Flugbewegungen der Maschinen von vier zivilen Gesellschaften, die unter der alleinigen Aufsicht des Militärs operieren. Es geht um die Firmen »Air Navette«, »Showa Trade«, »Volga Atlantic« und »Services Air«, von denen die UNO-Leute sehr gern wüssten, welche Rolle sie möglicherweise für den Nachschub im andauernden Krieg auf der kongolesischen Seite der Grenze spielen. Die Maschinen dieser Firmen sind hauptsächlich Antonovs, zugelassen in Burundi, dem Kongo, Äquatorial Guinea, Moldawien und der Ukraine. Und sie tauchen immer wieder an größeren und kleinen Flughäfen und Landeplätzen im Osten des Kongo auf. Was sie transportieren und in wessen Auftrag, ist nicht zu ermitteln.

Aber nicht nur in Ruanda und Uganda scheitern die UN-Inspektoren am Widerstand der Militärs, vor allem im Kongo selber werden sie als störend empfunden, wenn sie versuchen, das vom UN-Sicherheitsrat verhängte Waffenembargo durchzusetzen.

Im Oktober 2003 verunglückte am ostkongolesischen Flughafen Kamina eine Maschine der moldawischen Firma »Tepavia-Trans«. Charterer war die kongolesische Firma »Flight Express«. UN-Blauhelme wollten das Wrack untersuchen, weil sie illegale Waffen darin vermuteten. Aber es war von bewaffneten Regierungssoldaten umstellt, die Befehl hatten, keine Inspektion zuzulassen.

Am Flughafen von Bukavu wollten UN-Blauhelme die Ladung von landenden Flugzeugen sehen. Auch daran wurden sie von Militärs der Regierung gehindert. Das alles nährt den dringenden Verdacht, dass führende Zivilisten und Militärs des Kongo großes Interesse daran haben, dass bestimmte Transporte, besonders Waffentransporte, nicht entdeckt werden, dass also die Friedensbemühungen der UNO bloß nicht zum Frieden führen. Das würde den Geschäften schaden.

Einmal, am 24. November 2004, gelang es den UN-Inspektoren gemeinsam mit UN-Blauhelmen, gleichzeitig an den Flughäfen Bukavu und Goma von sechsundzwanzig gerade gelandeten Flugzeugen zwar nicht die Ladung, aber wenigstens die Papiere zu überprüfen, die Dokumente also, die jeder Pilot stets an Bord mitzuführen hat: Flugplan, Lademanifest, Zulassungsbescheinigung, Versicherungsschein, Lufttüchtigkeitszeugnis (vergleichbar mit dem TÜV-Bericht), Bordbuch (mit Ort und Zeit aller Starts und Landungen), Pilotenlizenzen der Mannschaft. Das Ergebnis der Stichprobe sagt einiges über die Zustände im Luftverkehr dieser Gegend: Von den sechsundzwanzig Maschinen waren elf im Kongo registriert, vier in Ruanda, drei in Äquatorial Guinea, zwei in Burundi, zwei in Swasiland, eins in Moldawien, eins in Sierra Leone, eins in Südafrika und eins flog unter der alten und schon seit Jahren nicht mehr existierenden Zulassung von Liberia. In Ordnung waren die Zulassungspapiere von nur drei der Maschinen, fünfzehn hatten Zulassungen ohne das erforderliche Ablaufdatum, sechs hatten gefälschte, und zwei konnten oder wollten ihre nicht zeigen. Gültige Lufttüchtigkeitszeugnisse hatten immerhin siebzehn der sechsundzwanzig, vier hatten zeitlich unbegrenzte, drei hatten gefälschte, und zwei wollten oder konnten keine vorweisen. Ordentlich versichert waren nur dreizehn, acht der Policen waren auf ewig ausgestellt, drei waren gefälscht, zwei Piloten blieben ihre Police ganz schuldig. Im Umgang mit den örtlichen Luftaufsichtsbehörden haben diese Piloten dennoch keine Probleme. Ein fehlendes oder falsches Dokument wird einfach durch einen Geldschein ersetzt. Willkommenes Zubrot für die Beamten – im Kongo womöglich ihre einzige Einkommensquelle.

Die Rache des Regenwalds: das Virus

Über die Gefahr, sich an gewildertem Affenfleisch mit Aids und Ebola anzustecken

Am Abend haben Hans und Sassa Gäste. Strom ist heute kein Problem, denn im reichen Haus gegenüber wird noch bis morgen die gestern verstorbene Großmutter betrauert. Die Elektrizitätswerker sind instruiert und geschmiert. Sassa hat mich am frühen Abend mit über die Straße genommen, das soll ich sehen: im Garten weithin hörbar ein Orchester mit vierzig Blechbläsern und einer Pauke, auf vielen der etwa dreihundert weißen Plastiksessel sitzen Trauergäste. Unter einem Baldachin der gläserne Sarg, den die Gäste im Wechsel und im Rhythmus der Musik tanzend umkreisen, dabei immer mal zärtlich das Glas berührend. So geht das achtundvierzig Stunden lang ohne Unterbrechung. Musiker spielen rund um die Uhr im Schichtbetrieb, die Trauergäste kommen und gehen, es gibt zu essen und zu trinken. Ein Kameramann dreht ein Video für die Nachwelt.

Ich kehre zurück auf die Straßenseite von Hans und finde Claudine, die belgische Frau des Fuhrunternehmers von gestern. Sie ist gekommen, mir mehr über die Bonobos zu erzählen. Sie fürchtet, dass diese Affen, die aussehen wie Schimpansen, in kurzer Zeit ausgerottet sein werden, weil sie in immer größerer Zahl als *bushmeat* geräuchert auf den Märkten angeboten werden. Die Dorfbewohner im Regenwald haben Affenfleisch als ergiebige Einkommensquelle entdeckt. Affen zu schießen und das Fleisch zu verkaufen geht schneller und ist einträglicher als der Anbau, die Ernte und der Transport von Mais oder Maniok. Das hat mit dem Krieg zu tun und den vielen Waffen im Wald, mit dem Verlust der Haustiere durch Plünderung und Vertreibung.

Je mehr Bonobos die Dorfbewohner schießen, umso mehr Bonobo-Waisen gibt es, und sie sind genau so hilfebedürftig wie menschliche Waisen. Claudine betreibt in einem Wald außerhalb Kinshasas ein Waisenhaus für Bonobos. Die Neuzugänge werden in letzter Zeit mehr, weil immer mehr Bonobo-Eltern als *bushmeat* auf dem Markt verkauft werden. Tonnen der schwarz geräucherten Affenkadaver landen täglich mit Schiffen im Hafen von Kinshasa. Und die noch lebenden Bonobo-Waisen auch, sie werden als Spielzeug auf denselben Märkten verkauft.

»Niemand unternimmt etwas dagegen, dass die Leute ihre engsten Artverwandten essen«, klagt Claudine.

Die einzig mögliche Gegenmaßnahme sei Bildung. Als die Behörden nach Ausbruch der letzten Ebola-Epidemie vom *bushmeat* als der wahrscheinlichen Ansteckungsquelle sprachen, warfen die Leute tonnenweise Affenfleisch in den Fluss. Inzwischen essen sie es wieder.

Claudine empfängt täglich Schulklassen in ihrem Bonobo-Waisenhaus, um für die Schonung der Affen zu werben.

»Sie sollen erkennen, dass diese Affen unsere Verwandten sind. Wenn sie nicht lernen, mit denen gut umzugehen, wie sollen sie dann den Rest der Welt respektieren?«

Außerdem erfahren die Kinder, dass vier von zehn Affen HIV-positiv sind. Affen können damit leben – Menschen nicht, jedenfalls in Afrika nicht. Das Virus, erklärt Claudine, sei die Rache des Regenwalds an den Menschen, denen es am Respekt vor diesem Wald und seinen Tieren fehle. In den Quartieren der einfachen Leute sei aber gerade das Fleisch der Bonobos beliebter denn je, nicht nur weil es billig ist. Bonobos sind bekannt für ihren ausgeprägten Hang zum Sex, sie sind dabei ganz besonders aktiv und ausdauernd. Und so setzen viele auf die ansteckende Wirkung des Fleisches.

Die Zerstörung des Regenwalds und seiner Tierwelt, sagt Claudine, hat sich in den letzten Jahren enorm beschleunigt. Es wird mehr gewildert denn je, Holz geschlagen, Wild geschossen, teils aus Not, teils aus Habgier. Claudine zeichnet die Zukunft des Regenwalds in düsteren Farben. Nur eine Hoffnung gäbe es – theoretisch: den Tourismus. Damit wäre Naturschutz ein Geschäft. Nur intakte Natur ist zu vermarkten. Und der Kongo hat mehr faszinierende Natur zu bieten als irgendein anderes Land Afrikas. Aber es gibt keinen Tourismus, es kann keinen geben, solange Reisende schon bei der Einreise am Flughafen regelrecht ausgenommen werden und im Landesinneren dann auf Schritt und Tritt auf Straßensperren treffen, an denen immer neue Soldaten immer noch mehr Geld verlangen. Ganz zu schweigen von der Manie vieler Kongolesen, besonders solcher in Uniform, jeden Fremden mit Fotoapparat wie einen Spion zu behandeln, was am Ende stets auf eine Geldforderung hinausläuft.

Sassa ist schon früh wieder im Trauerhaus gegenüber. Solange bei Hans die Fenster geöffnet sind und die Klimaanlagen noch nicht laufen, höre ich die flotte Trauermusik. Am Mittag dann, der 48-Stunden-Trauer-Marathon ist jetzt um, heben sie den Glassarg in einen prunkvollen weiteren Sarg aus Holz, laden das Ganze auf einen Pritschen-Lkw, der unter Sirenengeheul mit einem Bild der Verstorbenen am Kühler die Autoprozession zum Friedhof anführt.

Hans taucht im Bademantel auf.

»Beerdigungen organisieren, das können sie hier wirklich – besser als alles andere!«

Bei den vielen Polizeisirenen übrigens, die in der Stadt täglich zu hören sind, handelt es sich nie um Polizei, Feuerwehr oder Krankenwagen, die haben alle keine Sirenen. Es sind Trauerzüge.

Oft verzögert sich eine Beerdigung um Tage, Wochen oder gar Monate, weil die Angehörigen die Leiche des Verstorbenen nicht haben. Die wird nämlich vom Krankenhaus nur gegen Bezahlung der Rechnung herausgegeben. Und je länger eine Familie braucht, das Geld dafür aufzutreiben, desto höher wird diese Rechnung durch die Lagergebühren des Kühlhauses.

Überlebt ein Kranker den Aufenthalt im Hospital, wird er womöglich gar gesund, so kann auch er das Haus nur gegen Bezahlung der Rechnung verlassen. Es gibt eine eigene Abteilung zur Beherbergung von genesenen Patienten, die noch nicht bezahlt haben.

Gut haben es da die wenigen mit fester Anstellung bei einem (in der Regel weißen) *Patron*. Der zahlt zwar keinen Arbeitgeberanteil zur Krankenkasse und auch sonst keine Lohnnebenkosten, dafür aber jede Arzt- und Krankenhausrechnung – auch für die engsten Familienmitglieder.

Einmal, erzählt Hans, kam es in einigen Vorstädten zu einer mysteriösen Häufung akuter Blinddarmentzündungen. Eine Epidemie. Die Zahlen waren beängstigend. Und jeder entfernte Blinddarm kostete den betroffenen Arbeitgeber vierhundert Dollar an Krankenhauskosten. Es wurden so viele Blinddärme entfernt, es ging so sehr ins Geld, dass der Arbeitgeberverband der Sache auf den Grund zu gehen beschloss. Dabei kam heraus, dass einige Krankenhäuser ihre Patienten mit hundert Dollar am Gewinn beteiligten. Das entsprach einem ganzen Monatslohn. Dafür legten sich Angestellte in Scharen völlig gesund unters Messer – wohl wissend, dass so eine Operation auch unglücklich verlaufen und tödlich enden konnte. Der Arbeitgeber hatte dann auch noch die Beerdigungskosten zu tragen.

Samstag, 12. März 2005
Kein Glück mit Kautschuk und Kaffee

In den achtziger Jahren will Hans sein Glück als Pflanzer machen – und geht Pleite

Und dann erzählt Hans wie das für ihn damals war als *Patron*. Schon als Waisenkind in Iserlohn, in der kleinen Mansardenwohnung bei Oma, träumte er davon, später im Leben einmal ein Pflanzer zu werden, in Afrika eine richtige Plantage zu besitzen. 1980 hat er sich diesen Traum erfüllt. Am Leopold-See und der Lukenie standen drei Plantagen zum Verkauf, »Selenge« mit neunhundert Hektar, »Buna« mit zweitausendvierhundert Hektar und »Kole« mit neunzehnhundert Hektar – die »Vereinigten Plantagen von Bandundu«, von Kinshasa etwa tausend Kilometer entfernt. Die Plantagen hatte elf Jahre zuvor Mobutu den damals belgischen Besitzern abgenommen und Einheimischen übereignet, Freunden des Regimes. Alle Weißen, die nach der Unabhängigkeit noch im Land produzierten, traf 1973 die Enteignung. Und fast alle verließen deshalb Afrika für immer. Die Folgen waren für den Kongo genauso verheerend wie jüngst die Enteignung weißer Farmer in Simbabwe: Es gab weniger Exporteinnahmen, weniger Nahrungsproduktion, weniger Arbeitsplätze. Viel weniger! Und was in Simbabwe jetzt mit den Farmen geschieht, das hätte Mugabe im damaligen Zaire schon vor fünfundzwanzig Jahren beobachten können: Niedergang der Pflanzungen und Anlagen. Verfall der Infrastruktur, Arbeitslosigkeit, Hunger. Hans zahlte für die drei riesigen Kautschukplantagen zusammen ganze hundertfünfzigtausend Dollar. Mehr waren sie in dem Zustand nicht wert. Selbst mit den noch vorhandenen Verarbeitungsanlagen für die Latexmilch, ein paar Caterpillarn aus den vierziger Jahren und einigen genauso alten stationären Motoren. Sein Kapital stammte noch vom Boxkampf und dem Raketen-Abschreibungs-Unternehmen OTRAG.

Hans hatte sich mit der IVECO-Vertretung in Zaire zusammengetan. Die hatte zairische Landeswährung im Überfluss, aber keine Dollar. Hans sollte deshalb Kautschuk gegen Dollar exportieren. Vom Erlös gingen per Gesetz dreißig Prozent zu einem lächerlichen Kurs an Mobutu und seine Leute, die damit in aller Welt zu Spottpreisen ihren Bedarf an Luxusgütern deckten. Den Rest konnte Hans zu einem realistischen Kurs an IVECO verkaufen, die damit neue Importe aus Europa finanzierte.

Hans war also Pflanzer! Und er hatte beim Kauf die Belegschaft von tausend Mann gleich mit übernommen.

»Die mussten erst mal das Unkraut zwischen den Gummibäumen wegmachen.«

Hans ließ Frau und Kinder in Kinshasa zurück, baute sich im Busch ein Haus, in dem er den größten Teil des Jahres wohnte, setzte die verrotteten Anlagen instand. Und zwei der drei Plantagen begannen zu produzieren.

Die Freude währte nicht lange. Schon im folgenden Jahr wurden auf Drängen der Weltbank die irrwitzigen Devisenbestimmungen gelockert, IVECO konnte jetzt Dollar direkt von der Staatsbank bekommen, brauchte Hans nicht mehr mit seinem Kautschuk im Busch. Außerdem fiel der

Kautschukpreis. Die Plantagen wurden wieder verkauft – an einen Belgier.

Da er aber er schon einmal in der Gegend an der Lukenie war, blieb er und stieg um von Kautschuk auf Kaffee – jetzt nicht mehr als Pflanzer, sondern als Aufkäufer und Händler. Er baute wieder ein Wohnhaus und ließ sich wie zuvor nur selten in Kinshasa sehen.

»Das Haus hatte hoch wachsende Kakteen an allen vier Ecken als Blitzableiter, das funktioniert wirklich!«

Er baute Lagerhäuser, Trocknungsanlagen, kaufte Lastwagen und Generatoren, ließ sogar ein extra schnelles Flussschiff bauen. Auf das ist er heute noch stolz. TRANSLUK hieß sein Unternehmen. Und die Geschäfte mit Kaffee liefen gut. Drei Jahre lang. Zwölf Lastwagen sammelten in der Umgebung Kaffeekirschen ein, Hans trocknete, schälte und schickte die Ware nach Kinshasa, wo der Hamburger Kaffeeimporteur Unikaffee für den Weitertransport sorgte. Hans kaufte den Bauern sogar ihren Reis ab, unter der Bedingung, dass er auch den Kaffee bekam. Auch den schälte er und verkaufte ihn an die Brauerei. Die Tonne Robusta-Kaffee war auf dreitausenddreihundert bis dreitausenddreihundertfünfzig Dollar gestiegen. Und die Hamburger wollten immer noch mehr. Nicht fünfhundert Tonnen wie sonst, sondern tausend Tonnen vereinbarten sie. Dafür reichte sein Kapital nicht, denn die Bauern brauchten ihr Geld im Voraus. Unikaffee schoss ihm den Fehlbetrag vor. Und Hans konnte am Ende der Ernte wirklich tausend Tonnen Rohkaffee liefern. Doch da war über Nacht der Preis auf sechshundert Dollar pro Tonne gefallen. Hans war pleite, hatte bei den Hamburgern Schulden, musste die Firma aufgeben, lebte zwei Jahre davon, dass er einen Lastwagen nach dem anderen verkaufte und ab und zu eine Maschine. Als alles weg war, 1990, stand Hans wieder bei Null. Acht Jahre lang hatte er sechs bis acht Monate des Jahres im Busch verbracht, war nicht ein einziges Mal nach Deutschland gereist, denn keiner, sagt er, hätte ihn im Busch vertreten können.

Rückblickend weiß er, dass er das Spiel auch bei stabilem Kaffeepreis nicht hätte gewinnen können. »Meine Leute haben mich alle beklaut, so schnell konnte ich gar nicht gucken. Und überall Wegelagerer, die Geld wollten.« Und dann die Infrastruktur: Keine Straße wurde mehr repariert, die Lkws gingen reihenweise kaputt. Und die Maschinen auch, weil die Leute damit nicht umgehen konnten. »Meine Fahrer musste ich alle aus Kinshasa mitbringen, sogar mein Hauspersonal. Einer von dort schaffte es nicht mal, mit einem Dosenöffner eine Dose zu öffnen oder ein Schraubglas wieder zu verschließen. Aber das Schlimmste war, dass so viel kaputt ging.«

Die Pflanzer bekamen von Hans ihren Vorschuss und leere Säcke. Wenn er dann zur Erntezeit die vereinbarte Menge abholen wollte, hatten einige die gefüllten Säcke schon an einen Konkurrenten verkauft, also ein zweites Mal kassiert, und Hans ging leer aus.

»Da hab ich mit dem Verwaltungschef der Region gesprochen. Der hat dann mit seinen Leuten versucht, entweder den Kaffee zurückzuholen oder das Geld, meistens aber keins von beidem bekommen. Dann hat er die Bauern wegen Unterschlagung verhaften lassen. Die haben sich aber an ihren gewählten Abgeordneten gewandt. Und der hat ihnen schriftlich bestätigt, dass Unterschlagung nicht erlaubt sei – wohl aber, wenn es sich bei dem Opfer um einen Weißen handelt.« Mit diesem »Gutachten« kamen die Beschuldigten auf der Stelle wieder frei. Hans hat sich das Schriftstück aufgehoben und zeigt es jedem zur Warnung, der daran denkt, im Kongo zu investieren. »Das hat sich damals sehr schnell rumgesprochen. Da machte nach kurzer Zeit kein Weißer mehr Geschäfte.«

Unternehmer zu sein, war aus noch einem anderen Grund riskant: Wurde einer der Mitarbeiter krank, hatte Hans für ihn zu sorgen, musste notfalls ein Kleinflugzeug für den Transport kommen lassen. Und die Entfernungen waren groß.

Einer, der sogar studiert hatte, sollte sein Buchhalter werden. Der glaubte plötzlich, der Vater seiner Freundin, der den jungen Galan nicht schätzte, hätte ihn in einen Elefanten verwandelt. Metamorphose durch Hexerei. Der Mann lag erst im Fieber, dann im Koma. Hans brachte ihn mit dem Motorboot weit den Fluss abwärts und dann über Land zu Ärzten einer schwedischen Baptisten-Mission, die im Kongo schon viel Erfahrung hatten. Die rieten nur, mit dem Mann sofort zu einem Hexer zu gehen. Und Hans brachte ihn zum Hexer. Aber er kam zu spät dort an, dem Kranken war nicht mehr zu helfen, er starb als Elefant.

»Solche Elefanten hatten wir öfter, manchmal auch Krokodile. Das war nicht komisch, das waren unvorhergesehene Kosten.«

Seinen Gewinn, sagt er, hätte er Jahr für Jahr immer wieder investieren müssen. Reich wäre er da draußen im Busch nie geworden. Niemand hätte da rentabel arbeiten können, und heute könne es erst recht niemand mehr. »Beweis ist ja, dass ich da draußen über Hunderte von Kilometern der letzte weiße Unternehmer war. Heute ist da niemand mehr.«

Und heute? Würde er sich wieder für den Kongo entscheiden?

»Ja sicher. Aber nicht mehr ins Inland und da selber produzieren. Nur noch aufkaufen und exportieren. Hier ist es doch gut: Klima, Steuern. Sicher, es gibt auch Nachteile … das ganze Elend, aber das sehe ich schon gar nicht mehr.«

Sonntag, 13. März 2005
Die Schlächter aus Ruanda

Tausende von Tätern des Völkermords von Ruanda sind auf der Flucht vor Strafe in den Kongo gewechselt und wollen nicht mehr zurück

Übermorgen, höre ich im Radio, will sich in Addis Abeba die Afrikanische Union (AU) treffen, um zu beraten, wie man das Problem der INTERAHAMWE und der ex-FAR-Milizen im Osten des Kongo lösen könne. Es geht um die Schlächter des Völkermords von Ruanda. Die EU hat schon zugesagt, dabei logistisch zu helfen. Logisch, denke ich, denn wir Europäer haben hier noch etwas gutzumachen.

Die Geschichte beginnt im 13. Jahrhundert. Da waren von Norden kommend die Tutsi nach Ruanda eingewandert. Sie gewannen rasch die Oberhand über die dort schon lange ansässigen Hutu und beherrschten seitdem das Land, obwohl sie nur ein Zehntel der Bevölkerung ausmachten. Doch der Umgang war menschlich, beide Volksgruppen kamen friedlich miteinander aus.

1897 besetzte Deutschland das heutige Ruanda und machte es zu einem Teil von Deutsch-Ost-Afrika. 1916, während des Ersten Weltkriegs, nutzte aber Belgien Deutschlands Schwäche, marschierte vom benachbarten Belgisch-Kongo aus nach Ruanda ein, um es von nun an selber auszubeuten.

Die Belgier beherrschten Ruanda »indirekt«: Sie nutzten die bestehenden Herrschaftsstrukturen der Tutsi, machten sie zu ihrem verlängerten Arm. Das war auch in anderen Kolonien Afrikas üblich. Um noch bessere Ergebnisse zu erzielen, auch das gab es anderswo, vertieften die Belgier gezielt den Graben zwischen Hutu und Tutsi. Zum eigenen Nutzen verliehen sie den Tutsi mehr Macht über die Hutu, als sie sich in den Jahrhunderten vor der Kolonisierung jemals selber angemaßt hatten. Und so erzeugten die Belgier ganz bewusst jenen grenzenlosen Hass der Hutu auf die Tutsi, der sich dann nach der Unabhängigkeit zu entladen begann. Schon 1957 nutzten die Hutu ihre zahlenmäßige Überlegenheit, erklärten die Tutsi zu Fremden und begannen sie zu verfolgen. 1966 kam es zu ersten Massakern an den Tutsi, 1994 zu dem großen Völkermord. Er dauerte nur hundert Tage. Die Zahl der Toten wird heute offiziell mit 937.000 angegeben. Die Welt schaute mit Abscheu und Empörung zu – unternahm aber nichts zur Rettung der Opfer.

Aus dem benachbarten Uganda eingedrungene Exil-Tutsi waren es schließlich, die dem Morden ein Ende machten: Die »Ruandan Patriotic Front« (RPF) unter ihrem Anführer Paul Kagame besiegte in nur drei Wochen die Hutu-Armee und übernahm in Kigali die Macht. Erleichtert und mit einem schlechten Gewissen spendete jetzt die Welt den Siegern Beifall; und besonders Deutschland gab großzügige Entwicklungshilfe.

Die besiegten Hutu-Milizen (INTERAHAMWE) und Hutu-Soldaten (FAR) flohen über die westliche Grenze ins damalige Zaire und nahmen einen Großteil der Hutu-Bevölkerung als Schutzschilde mit, und sie schafften es zwei Jahre lang, ihre Geiseln an der Heimkehr zu hindern. Erst 1996 konnte sich der größte Teil dieser Bevölkerung befreien. In endlosen Kolonnen sah ich sie am Kivu-See von Goma über die Grenze nach Gisenyi und weiter in Richtung ihrer Dörfer ziehen. Tagelang riss der Strom der Heimkehrer nicht ab, bis endlich die Lager in Goma geräumt waren.

Zurück in Zaire blieben nur die Männer mit den blutigen Händen, die Schlächter. Und 2006, zwölf Jahre nach dem Völkermord in Ruanda, verschanzen sie sich immer noch im Nachbarland, das inzwischen wieder Kongo heißt.

Sie haben sich zusammengeschlossen zur »Befreiungsarmee für Ruanda«, träumen davon, ihr Land aus der neuen Knechtschaft der Tutsi zu befreien und die alte Herrschaft der Hutu wieder herzustellen. Und solange sie jenseits der Grenze auf eine Gelegenheit dazu warten, ernähren sie sich vom Plündern und vom Stehlen. Als marodierende Landsknechte, als Banditen leben sie in den Wäldern – als ständige Bedrohung der Bevölkerung. Fünfzehntausend waren es Ende 2004 noch. Von den Einheimischen werden sie verächtlich »Rasta« genannt.

Sie sind der ruandischen Tutsi-Regierung unter Paul Kagame ein willkommener Vorwand immer wieder mal mit Truppen in das Nachbarland einzufallen und mit der wirtschaftlichen Ausplünderung des Kongo fortzufahren.

Gleichzeitig fällt auf, dass die Regierung Kabila nichts unternimmt, selber die Hutu-Milizen nach Ruanda zurückzuschicken und damit Kagame den Vorwand für seine Überfälle zu nehmen. Vielleicht sind diese Hutu-Banden dem jungen Kabila sogar ganz willkommen. Schon der alte Kabila hat sie einmal gegen die Tutsi-Armee aus

Ruanda eingesetzt. Und der Junge hält sie sich womöglich zum selben Zweck in Reserve. Sie kosten ja kein Geld, denn sie versorgen sich auf ihre kriminelle Art selber.

Selbst die UN-Blauhelme gehen seltsam schonend mit den Hutu um: Sie jagen sie zwar – aber nicht über die Grenze zurück nach Ruanda, sondern sie schicken sie nur immer wieder mitsamt ihren Waffen aus den dicht besiedelten Gebieten des Kongo in dünner besiedelte.

AU und EU suchen weiter nach Wegen, das leidige Problem zu lösen. Sie suchen und suchen …

Montag, 14. März 2005
Sassa oder der Hund

Mit dem Hund versteht sich Hans viel besser als mit seiner Frau

Gereizte Stimmung heute zwischen Hans und Sassa. Sie fühlt sich von ihm vernachlässigt, findet, dass Hund Hannibal mehr Zuwendung erfahre als sie. Das streitet Hans gar nicht ab.

Sassa lässt die Tür lauter ins Schloss krachen als sonst und fährt in die Stadt. Hans und Hund tauschen einen langen Blick.

Wie er Sassa eigentlich kennen gelernt habe, will ich wissen. In den ersten Jahren, erzählt Hans, hat er sich Frauen in den Bars gesucht. Da war die Auswahl groß. Er nahm, worauf er gerade Lust hatte – manchmal in einer Woche zwei oder drei. »War ja eine saubere Sache damals. Da gab es das Virus noch nicht.«

Aber dann, sagt er, wurde er diesen ständigen Wechsel irgendwie leid. Er wollte was Festes – aber auch nicht zu fest.

Es passierte auf einer zairischen Hochzeit, zu der er eingeladen war. Da war Sassa, eine attraktive Frau, die nie in so eine Bar gegangen wäre, um einen Mann zu finden. Nach der Hochzeitsfeier hat sie sich nicht lange bitten lassen. »Die sind ja hier alle unheimlich freizügig.«

Nach einigen Abenden wurde es ihm zu viel, sie immer wieder zurück nach Limite fahren zu lassen, in das Arme-Leute-Viertel, in dem die schwarzen Normalverdiener wohnten.

»Dann hab ich ihr gesagt: Dann bleib eben hier. Und wenn du das als Weißer zu einer Schwarzen sagst, dann wohnt die bei dir!«

Sassa war ja auch nicht irgendeine. Sie war Geschäftsführerin zweier gut gehender Modeboutiquen, die einem Belgier gehörten, war elegant gekleidet, gut geschminkt. Mit ihr konnte (und wollte) Hans sich in Kinshasa sehen lassen. Eine Frau, das sah jeder, wie man sie nicht in der Bar für Geld haben konnte. Sogar eine, die selber Geld verdiente – auf anständige Art!

Jetzt wurde sie erst mal Mutter. Inzwischen ist sie längst wieder berufstätig, hat eine neue Modeboutique eröffnet.

Und sie ist die Dame des Hauses. »Wer nicht weiß, dass hier die Dame des Hauses schwarz ist, der würde das nicht merken. Für so eine Schwarze ist die richtig ordentlich. Im Haus ist alles pico bello, da hat sie das Personal gut im Griff. Der Garten ist in Ordnung. Die stellt hier Blumen hin. Alles einwandfrei. Kann ich nicht meckern.«

Ich erkläre Hans, wie mich sein Rassismus anwidert. Er nimmt das nicht übel. Etwas mitleidig meint er nur, dass ich mit meiner Haltung hier in Afrika aber verdammt in der Minderheit sei.

Noch zwei braune Kinder

Adoptivkind Hans adoptiert zwei Mischlingskinder in Not

Ungeklärte Familienverhältnisse, Adoption, aber eben nicht ganz oder nicht ganz richtig, solche Dinge haben Hans sein Leben lang begleitet. Jetzt erfahre ich von zwei weiteren Kindern. Ich wusste bis jetzt von seinem Sohn aus der ersten Ehe, Frank, von dem er lange glaubte, er sei durch Adoption juristisch auch sein Bruder. Dann ist da aus der zweiten Ehe die Tochter Alexandra, die mit einem Tunichtgut zusammenlebt. Und mit Sassa hat er Macario und Katja, sind zusammen vier. Nun also noch zwei, Miriam und Victoria.

»Die sind aber nur nach hiesigem Recht adoptiert. Ich hab sie trotzdem rausgekriegt nach Europa, und sie sind da auch beide verheiratet.«

Miriam und Victoria sind Mischlinge. Miriams Vater arbeitete für die deutsche Holzfirma »Danzer« im Kongo. Eines Tages fuhr er mit seinem Jeep ins Inland, erwischte in einer unübersichtlichen Kurve mit der Stoßstange einen Kleinbauern und verletzte ihn tödlich.

»Statt sofort zu flüchten«, erzählt Hans, »hat der Idiot zurückgesetzt und wollte dem helfen. Dem war aber nicht mehr zu helfen. Inzwischen hatten das einige aus dem nahe gelegenen Dorf gesehen. Und das hat er nicht überlebt. Ich hab ihn dann ein paar Stunden später zerstückelt gefunden, weil ich zufällig da vorbeikam. Und so habe ich ihn in einer Zeltplane bei »Danzer« im

Stadtbüro hier in Kinshasa abgeliefert. Das ist euer Herr Berger, hab ich gesagt. Da war ich mit dem hinten im Jeep aber schon so zwanzig Stunden unterwegs gewesen bei fünfundzwanzig bis dreißig Grad. Was sollte ich machen.«

Herr Berger war Deutsch-Belgier, und Hans wusste, dass er da draußen in der Gegend von Oshwe eine schwarze Freundin und mit der eine Tochter hatte. Damals hatte »Danzer« dort noch eine Basis. Hans, fürsorglich wie er ist, suchte nun die Tochter – fand sie aber lange nicht. »Danzer« hatte sich inzwischen aus der Gegend zurückgezogen, Hans war der letzte Weiße auf einer Strecke von drei- bis vierhundert Kilometern.

»Anderthalb Jahre später kontrolliere ich gerade meine Kaffeelaster, es war Trockenzeit, man konnte ein bisschen weiter vom Fluss weg in den Wald fahren, sehe ich da einen Knäuel Kinder, und eins war ein bisschen heller, hatte auch hellere Haare. Ganz verfilzt und verfloht. Es war Miriam, inzwischen sechs oder sieben Jahre alt, und sie lebte bei ihrer Oma.«

Hans ging zum Gouverneur, schilderte den Fall und erklärte, dass er sich um das Kind kümmern wolle. Der Gouverneur empfahl, der Oma etwas Geld zu geben. Hans gab ihr den Gegenwert von zweihundert Dollar. Darauf brachte ein Beauftragter des Gouverneurs ihm das Kind sogar nach Hause – mit einem Brief, in dem Hans offiziell die Obhut über dieses Kind übertragen wurde. Afrikanische Adoption.

»Für die war das Kind ja sowieso halb hell, gehörte also zu den Weißen. Das ging ruck zuck.«

Hans gab Miriam in ein Internat belgischer Ordensschwestern im Inland. Schon nach einem Jahr war sie kaum wiederzuerkennen, so gepflegt und kultiviert war sie.

Hatte Miriams Vater nicht vielleicht in Belgien noch eine Familie, die doch dann auch ihre Familie war? Die belgische Botschaft war bei der Suche nach Miriams Verwandten nicht gerade hilfreich. Aber dann, nach drei oder vier Jahren, kam endlich doch eine Nachricht: Eine Schwester des verunglückten Vaters erbot sich, für das Kind zu sorgen. Damit durfte Miriam nach Belgien einreisen. Hans hat sie persönlich bei der Tante abgeliefert und sich erboten, sie auch wieder zurückzunehmen, wenn's mit ihr nicht klappt. Wichtig war nur, dass Miriam jetzt erst mal richtige belgische Papiere bekam. Hans hat seine eigene Jugend nicht vergessen!

Die belgische Tante hat Miriam dann nie wieder hergegeben. Papa Hans hat noch lange Unterhalt gezahlt, denn die Tante war arm. Für Miriams Bleiberecht in Belgien musste Hans den mittellosen Vater spielen, der das Kind leider nicht zurücknehmen konnte. Und irgendwann war Miriam dann Belgierin.

Die Mutter war inzwischen verarmt nach Kinshasa gezogen. »Die hatte das gar nicht gemerkt.«

Heute wird diese Mutter von der Tochter aus Europa versorgt, und sie ist Hans dankbar, dass er Miriam damals aus Afrika rausgebracht hat.

»Wenn die mich sieht, kniet die sich hin und küsst mir die Hände. Und Miriam schreibt mir immer, ›Cher Papa‹ … Ich hab damals erst mal dafür gesorgt, dass sie anständig Französisch lernt, konnte ja nicht mal richtig Lingala, sondern nur die Stammessprache da draußen im Busch,

Kisakata. Aber so Kinder lernen ja schnell. Ging ruck zuck, da konnte die Französisch.«

Und Victoria?

»Da rief die deutsche Botschaft an, wir haben hier ein deutsches Mädchen, das weint. Wir haben kein Budget für so was, wir können nichts machen. Die rufen ja immer mich an, wenn so was ist. Einmal haben sie angerufen, da saß ein Deutscher im Knast, ich hol den da raus, da erfahr ich erst, der saß wegen Pädophilie, das wusste ich aber vorher nicht. War einer von der gtz, der hatte es mit Zehnjährigen getrieben. Dann wollte ich wenigstens meine fünfhundert Dollar wieder haben, mit denen ich den Mann aus dem Gefängnis freigekauft hatte, da sagen die doch, für Korruption sind wir nicht zuständig. Wenn wieder so einer kommt, lass ich den drin sitzen. Die Botschaft wusste angeblich nicht, warum der saß.«

Nun war da also die weinende Victoria bei der Botschaft, wieder ein Mischling. Tochter des Botschafters von Zaire in der DDR und einer Deutschen. Hans kannte den Vater. Der war irgendwann nach Zaire zurückversetzt worden. Dann starb aber die Mutter an Krebs. Victoria war sechzehn und plötzlich allein in Ost-Berlin. Sie rief ihren Vater in Kinshasa an, und der sagte, sie solle zu ihm kommen. Sie flog nach Kinshasa und fand ihren Vater mit Ehefrau und weiteren Kindern vor. Der Empfang war nicht herzlich. Bald nach Victorias Ankunft in der Großfamilie starb der Vater. Da machte die Familie kurzen Prozess mit Victoria und setzte sie am Tor der Botschaft ab. Da gehörst du hin! Und zu Victorias Glück hatten sie die westdeutsche Botschaft erwischt. In Berlin war gerade die Mauer gefallen.

»Ja, da hab ich sie mit nach Hause genommen. Einzige Sorge, die ich hatte, wie ich der Sassa das wieder beibringe.« Die Sorge war überflüssig. Sassa hat auch Victoria in ihre Obhut genommen.

Hans hat Victoria eine Lehrstelle bei der Strabag besorgt, die damals an der Straße Kinshasa–Kisangani baute. Nach der Lehre ging sie nach Hamburg, heiratete mit einundzwanzig einen Amerikaner und hatte mit zweiundzwanzig Zwillinge.

Der alltägliche Ausahmezustand

Hans versteht nicht, warum die Entwicklungshilfe sich nicht zuerst um die Bildung bemüht

»Man kann im Kongo nichts versichern, kein Auto, keine Wohnung, nicht gegen Einbruch, nicht gegen Diebstahl, nicht gegen Krankheit, nicht gegen Tod. Hätten die Schwarzen eine Krankenversicherung, säßen die nur noch beim Arzt. Da ist es sauber und bequem, da ist eine ordentliche Toilette. Und dann will die Weltbank hier ein Investitionsklima schaffen. Die begreifen einfach nicht, dass so was nur langfristig geht – über Bildung.«

Im *Potentiel* lese ich, dass 2005 die Einschulungsquote immer noch rückläufig ist. Oft scheitere es am Schulgeld, das die Ärmeren in der Bevölkerung für ihre Kinder nicht bezahlen können.

Zu einem guten Investitionsklima gehört Rechtssicherheit. Auch die gibt es im Kongo nicht. Hans erzählt die Geschichte vom größten Holzwerk Afrikas mit Schälwerk und Messerwerk, eine Investition des deutschen Holzimperiums »Danzer«, der Nummer eins auf dem Weltmarkt. Das Werk war fertig, man konnte beginnen, Stämme aus den eigenen Holzkonzessionen im Hinterland zu verarbeiten. Sogar Mobutu war da zur feierlichen Einweihung des Werkes, durchschnitt selber das bunte Band. Dann wurden Cocktails gereicht. Da nahm Mobutu den deutschen Chef, Herrn Danzer, beiseite und sagte ihm fast nebenbei, er hätte mit seinem Kollegen Omar Bongo vereinbart, dass Danzer sein Holz für dieses Werk in Gabun schlagen könne. Danzer verwies auf seine Holzkonzessionen hier im Kongo, und darauf, dass er ja deswegen das Werk hier gebaut habe. Und fünfzig eigene Schubschiffe seien schon auf dem Fluss unterwegs, um dieses Holz aus dem Inland zum neuen Sägewerk zu bringen. Mobutu aber blieb dabei: Im Kongo wird kein Holz mehr geschlagen! Das habe er dem Präsidenten des World Wildlife Fund (WWF), dem holländischen Prinzen Bernhard fest versprochen. Und zu seinem Wort müsse er stehen.

Damit war das größte Holzwerk Afrikas nutzlos, denn es wäre wirtschaftlicher Unsinn gewesen, hier Baumstämme aus Gabun oder sonstwo in Afrika zu verarbeiten. Danzer musste seine Investition einmotten und wurde dafür von der staatlichen deutschen Exportversicherung Hermes mit sechzig Millionen Mark entschädigt. Seitdem versichert Hermes im Kongo nichts mehr.

Später, so Hans, sei herausgekommen, dass Mobutu den Regenwald nur aus Geldgier hatte schonen wollen. Der holländische Prinz habe dafür ein bei Lockheed »verdientes« Schmiergeld von zwanzig Millionen Dollar direkt an Mobutu überweisen lassen. Deshalb also hatte Prinz Bernhard so unerwartet saubere Hände, als das niederländische Parlament dem Korruptionsverdacht gegen ihn nachging.

Das totale Holzhackverbot im Regenwald von Zaire währte zwei Jahre. Dann kam 1997 mit dem Machtwechsel der nächste Rückschlag durch plündernde Soldaten.

Dann erzählt Hans noch die Geschichte von Nico, von dem er allerdings nicht sicher ist, ob er wirklich Nico heißt. Nico ist etwa dreißig Jahre alt, Deutscher, und Nico ist vollkommen schwarz. Im Alter von zwei Jahren hat ihn ein Missionar den armen Eltern abgeschwatzt, hat ihn adoptiert und als »kleines Negerlein« mit nach Deutschland genommen, nach Essen-Mülheim. Dort wuchs Nico auf, ging zur Schule, wurde erwachsen, hatte aber nicht so recht Erfolg im Leben. Es zog ihn zurück dorthin, wo er herkam, in den Kongo.

»Der kam hier an und sprach nur Deutsch.«

Zum Erstaunen aller lernte Nico aber sehr schnell Lingala. Mit Französisch tat er sich schwerer. Und anders als in Deutschland, stellte sich schon bald auch wirtschaftlicher Erfolg ein. Dabei war ihm allerdings sein Adoptivvater behilflich. Der schickte und schickt noch immer Container mit Spenden frommer Deutscher nach Kinshasa. Sohn Nico bringt diese Spenden unter das bedürftige Volk, indem er sie verkauft. Und davon lebt er. Der Vater in Essen schickt, was immer die Leute gerade für Afrika spenden: Altkleider, Milchpulver – jüngst war es ein Container Schwefelsäure. Selbst die hat Nico verkauft.

»Aber neulich rief er mich ganz aufgeregt an«, erzählt Hans. »Da hatte er ein Problem: Zwölf Leute seien bei ihm zu Besuch und wollten nicht wieder gehen. Verwandtschaft.«

Die Zwölf waren aus ihrer siebzehnhundert Kilometer entfernten Heimat in der Gegend um Kisangani angereist, denn sie hatten erfahren, dass der verlorene Sohn wieder in Afrika war.

Jetzt wollten sie die Früchte ernten für den Verzicht auf das kleine Kind, das damals der Missionar unbedingt mitnehmen wollte.

»Die hätten schon in seinem Haus alle Zimmer untereinander aufgeteilt, und zwei seien ständig im Bad, denn so was hatten die ja noch nie im Leben, ein Bad mit fließend Warmwasser. Nico war verzweifelt und fragte mich, was er machen soll.«

Der älteste seiner Gäste behauptete, Nicos leiblicher Vater zu sein. Der umarme ihn ständig und fasse ihn an. Nur sprechen könne er nicht mit ihm, denn Nico spricht ja nur Deutsch und Lingala – sein angeblicher Vater nur Französisch und Kisuaheli. Mit den anderen, angeblich seinen Nichten und Neffen, hatte er dieselben Sprachprobleme. Inzwischen hätten sie alle Vorräte aufgegessen und verlangten nach mehr. Er sei ruiniert, wenn das nicht aufhöre. Er habe schon selber versucht, die angeblichen oder auch wirklichen Verwandten hinauszuwerfen. Da habe »Papa« ihm so heftig in den Finger gebissen, dass er aufgeben musste.

Hans konnte helfen. Für dreihundert Dollar, die Nico im Voraus zu bezahlen hatte, ließ Hans das bewährte Rollkommando von General François kommen. Seitdem lebt Nico in seinem Haus wieder allein.

Vorige Woche waren Diebe im Garten. Jetzt fehlen die beiden Kochplatten aus der Freiluftküche für Sassa und das Personal, außerdem zwei Gartenstühle und eine Schubkarre. Die Polizei bedauert, dass sie den Hauptverdächtigen, den Nachtwächter, nicht mehr so befragen darf wie früher. Früher hätte man ihm ein paar Stöckchen zwischen die Zehen gesteckt und so lange daran gedreht, bis er redet. Aber neuerdings dürften sie das nicht mehr – wegen Menschenrechten und so. Also könnten sie fast keinen der verdächtigen Diebe mehr überführen.

Die EU will jetzt die kongolesische Polizei mit Beratung und Ausbildung unterstützen. EUPOL Kinshasa heißt das Projekt, das EU-Chefdiplomat Javier Solana und Josef Kabila direkt vereinbart haben. Ende April 2005 reiste Solana zusammen mit EU-Kommissar Louis Michel nach Kinshasa, um das Projekt zu starten. Dabei trafen sie sich auch mit Kabila und seinen vier Vizepräsidenten.

Auf EUPOL wartet viel Arbeit – besonders an der Spitze des Staates.

Le Potentiel erklärt es seinen Lesern so: Das Stehlen aus der Staatskasse gehe im Kongo als Nationalsport durch, den besonders Politiker gern betrieben. Angefangen habe das 1885 mit Belgiens König Léopold II. Der habe es als Erster vorgemacht, wie man sich an den Reichtümern des Landes schamlos und straflos bedient.

Zuerst war es der König allein, dann ganz Belgien. Es folgte Mobutu und seine Entourage, dann der alte Kabila – und jetzt ist es sein Sohn, der allerdings mit den anderen Kriegsherren im Lande teilen muss. Wenn Mobutu Geld brauchte, genügte ein Anruf bei der Zentralbank – und es kamen die verlangten Millionen. Papa Kabila machte es auch so. Josef, sein Sohn, geht diskreter vor: Als jüngst seine Tante, Espérance Kabila, in ihrem Haus in Lubumbashi vom Chef ihrer Leibwache erschossen worden war, verurteilte ein Gericht den Mörder zum Tode, trug ihm aber auf, vor der Vollstreckung dem Witwer des Opfers zweihundertachtzigtausend Dollar Schadenersatz zu zahlen. Weitere sechsunddreißig Millionen Dollar Schadenersatz sprach der Richter der Familie Kabila zu – aus der Staatskasse.

Dienstag, 15. März 2005
Plündern – im Kleinen wie im Großen

Soldaten plündern die Zivilbevölkerung aus, weil sie monatelang ihren Sold nicht bekommen

Radio Okapi meldet: »Im Süd-Kivu plündern die Soldaten der 103. Brigade der kongolesischen Armee auf ihrem Weg zum Transitlager Nyamunyunyi die Dörfer, durch die sie kommen. Sie stehlen alles, Vieh, Nahrungsmittel, Geld und andere Güter. Am letzten Dienstag wurde nach Angaben der Bewohner das Dorf Miti (etwa zwanzig Kilometer nördlich von Bukavu) ausgeplündert. Vorher hatten sie in Kabare die Büros der Territorialverwaltung ausgeplündert.«

Die Soldaten plündern, weil sie ihren Sold nicht bekommen.

Radio Okapi hatte vorgestern gemeldet: »Der stellvertretende Leiter der MONUC (UN-Blauhelme), Ross Mountain, hat in einem Gespräch mit Vizepräsident J. P. Bemba erklärt, dass die MONUC sehr besorgt über die Frage der (Nicht)Zahlung des Solds der Soldaten der kongolesischen Armee ist. Wenn die Soldaten nicht bezahlt werden, dann suchen sie eine Lösung in der Plünderung der Zivilbevölkerung, meinte er. Vizepräsident Bemba meint, dass die Regierung jeden Monat acht Millionen Dollar für die Bezahlung der Militärs zur Verfügung stellt.«

Wo bleiben die acht Millionen Dollar Monat für Monat?

Radio Okapi: »Der Botschafter Frankreichs in

der DR Kongo, Georges Serre, hat Aufklärung verlangt über die Vorwürfe, nach denen jeden Monat acht Millionen US-Dollar, die für die Bezahlung der Soldaten der kongolesischen Armee bestimmt sind, unterschlagen werden. Nach seiner Meinung hat die internationale Gemeinschaft ein Recht, die Wahrheit über diese Affäre zu erfahren. Er verlange die Einsetzung einer Untersuchungskommission. Zur Erinnerung: Das Budget der DR Kongo wird zu mehr als der Hälfte von der internationalen Gemeinschaft finanziert und Frankreich ist der Hauptzahler.«

Der Botschafter wartet noch auf die Erklärung der Regierung. Und die Truppe wartet weiter auf ihren Sold. Und die Bevölkerung des ganzen Landes lebt weiter in der Angst vor plündernden Soldaten.

AFP meldet: »In Kinshasa hat ein bewaffneter Raubüberfall auf eine Tankstelle vier Tote und acht Verletzte gefordert. Die maskierten Täter, zwei Frauen und drei Männer, von denen einige Militärkleidung trugen, drangen in die Tankstelle in Binza ein und eröffneten sofort das Feuer. Sie entkamen mit der Kasse.«

Mehr als vier Monate später, der Botschafter wartet noch immer auf eine Erklärung der Regierung über den Verbleib der Sold-Millionen, töten in Mbandaka aufgebrachte Zivilisten einen Soldaten der staatlichen Armee FARDC, den sie beim Stehlen erwischt hatten. Mitglieder seiner Einheit, ehemalige Rebellen der Maï Maï, ziehen darauf zwei Tage lang plündernd durch die ganze Stadt, »um ihren toten Kameraden zu rächen«.

Eine Woche darauf titelt *Le Potentiel*: »Der allmonatliche Skandal: Wieder acht Millionen Dollar

Sold unterschlagen.« Jetzt werden auch die übrigen Botschafter ungeduldig.

Und *Radio Okapi* am 21. Juli 2005: »Der belgische Botschafter in der DR Kongo, Johan Swinnen, hat sich für die Einrichtung einer gemischten Kommission bestehend aus Vertretern der Regierung und der internationalen Gemeinschaft, die gegen Korruption und Veruntreuung von Geldern kämpfen soll, ausgesprochen. Die Idee stammt vom französischen Botschafter, Georges Serre. Die internationale Gemeinschaft ist vor allem verärgert über die Nichtbezahlung des Soldes der Soldaten der kongolesischen Armee, obwohl Gelder dafür zur Verfügung gestellt werden.«

Die EU, Belgien und die USA finanzieren auch die Ausbildung der Exrebellen zu ordentlichen kongolesischen Soldaten in insgesamt vier Ausbildungslagern. Aus dem Lager in Mushaki im Nord-Kivu, etwa vierzig Kilometer von Goma, ist im Juli 2005 ein Drittel der Soldaten, die dort auf ihre Überstellung zu neuen Einheiten warteten, wegen der schlechten Bedingungen im Lager desertiert. Sie haben ihr altes Leben als Plünderer, Diebe und Vergewaltiger wieder aufgenommen, belästigen die Bevölkerung und haben bereits mehrere Häuser in Brand gesteckt, meldet die Nachrichtenagentur *Xinhua*.

Und noch immer sind der französische Botschafter und seine Kollegen ohne Antwort auf die Frage nach dem Verbleib der für das Militär bestimmten acht Millionen Dollar jeden Monat.

Während ich dies schreibe, ruft Hans aus Kinshasa an. Täglich nehme jetzt die Unsicherheit zu. Gestern musste ihm General François einen Lastwagen Soldaten schicken, um in einer Bauruine in der Nähe des Hauses aufzuräumen. Von dort war immer wieder geschossen worden. Die Säuberungsaktion dauert nur wenige Minuten. Es waren marodierende Regierungssoldaten, die sich dort verschanzt hatten.

Als gegen zweiundzwanzig Uhr der Layouter des *Potentiel*, José Kapwassa, vom Dienst heimkam, traten kurz vor seinem Haus aus dem Dunkeln drei Männer in den Uniformen der alten (Mobutu-)Luftwaffe auf ihn zu. »Personenkontrolle!« Waffen im Anschlag. Sie seien auf der Suche »nach gewissen Elementen der Roten Armee« und verlangten seine Papiere. Dann kontrollierten sie den Inhalt seiner Taschen, nahmen sein Handy und sein Geld an sich und schickten ihn weg, denn es kamen schon drei neue Opfer ahnungslos auf die »Kontrollstelle« zu.

Radio Okapi mit weiteren Nachrichten von heute: »Die Tankstellenbesitzer in Kinshasa haben beschlossen, ihre Service-Stationen wegen der Unsicherheit in der Stadt in Zukunft um siebzehn Uhr zu schließen. Die Autofahrer beschweren sich jetzt darüber, dass sie am Abend kein Benzin mehr kaufen können.

Der Prozess der Demobilisierung und Reintegration der Milizionäre in Ituri geht nur sehr langsam voran … Von den etwa fünfzehntausend Milizionären der bewaffneten Gruppen des Gebiets sind bisher nur etwa viertausend demobilisiert worden, die Hälfte von ihnen sind Kinder.

Die Deutsche Welthungerhilfe hat ihre Aktivitäten in Ituri auf unbestimmte Zeit eingestellt. Ursache ist die steigende Unsicherheit in der Region. Erst am letzten Freitag waren die Lkws von drei Mannschaften der Organisation von Milizionären der ›Union des Patriotes Congolais‹ (UPC) geplündert worden.

Der Generalsekretär der UNO, Kofi Annan, hat die Regierung des Kongo erneut aufgefordert, die Verantwortlichen für den Mord an neun Blauhelmsoldaten, die Ende Februar in Ituri getötet wurden, zu verhaften und vor Gericht zu stellen …«

Dass die Mörder bisher nicht verhaftet wurden, könnte daran liegen, dass ihr Chef und Kriegsherr einer der Vizepräsidenten der Regierung in Kinshasa ist …

Mittwoch, 16. März 2005
Jagd auf die Weltbank-Millionen

Die jetzt so üppig fließende Entwicklungshilfe weckt Begehrlichkeit – auch bei Hans

Im »Chantilly« ist auch heute wenig Betrieb. Wir fahren wieder nach Hause, kaufen unterwegs noch ein.

Vor einigen Tagen kam Post aus Frankreich. Vom Absender, dem »Institut Géographique National«, hatte Hans noch nie gehört. Das Institut bezeichnet aber den sehr geehrten Herrn Hans Buchhold als seinen Repräsentanten in Kinshasa.

»Wahrscheinlich hat da jemand von der Weltbank meine Adresse weitergegeben. Es ist eben alles nur eine Frage der Reputation.«

Es geht darum, dass Hans einen Teil der jetzt so massenhaft über den Kongo hereinbrechenden Entwicklungshilfe in Richtung des Instituts lenken soll. Es hat sich nämlich jemand ein Entwicklungsprojekt ausgedacht, mit dem viel von diesem Geld abzuschöpfen wäre: Vom ganzen riesigen Regenwald des Kongo solle eine vollständige Inventur angefertigt werden über den Bestand an Menschen, Wohnsiedlungen, sozialer und technischer Infrastruktur, an forstwirtschaftlichen und landwirtschaftlichen Ressourcen, Haustieren, Wild, Wasser, Biomasse … Planquadrat für Planquadrat. Für jedes Planquadrat stehen zweiundvierzig Millionen Dollar bereit. Gerade wurde die Ausschreibung für das erste Planquadrat gestartet. Hans, der im Kongo seit Jahren erfolgreich auch als Ökologe firmiert, soll jetzt den Franzosen den Zuschlag verschaffen. Die Chancen stehen gut, denn Hans kennt ja den für die Auftragsvergabe zuständigen Kongolesen, Herrn Ponyo, und man wäre nicht im Kongo, wenn bei dieser Ausschreibung alles streng nach den Regeln abliefe … Wenigstens über die Angebote der Konkurrenz wird sich unter der Hand etwas in Erfahrung bringen lassen. Vielleicht kommt er schon mit dem ersten Planquadrat seiner Villa in Südfrankreich ein Stück näher. Dann könnte er Afrika für immer verlassen. Aber will er das wirklich?

Denn: Schon im nächsten Moment singt Hans ein Loblied auf den Kongo als Altersruhesitz des Weißen Mannes. Wo anders als hier kann einer mit über sechzig eine hübsche Dreißigjährige haben, die ihm jeden Wunsch erfüllt und selber keine großen Ansprüche stellt?

»Ich hab hier Beispiele von Europäern, die gar nicht mehr nach Hause wollen. Die können noch arbeiten, sehen noch manierlich aus und stehen gut im Saft. Und die Frauen, die die zu Hause haben, sind alt geworden und kränklich …«

Diese Männer schicken lieber der daheim gebliebenen Gattin monatlich einen Scheck, lassen sich aber selber dort nicht mehr sehen.

»Arbeit findet hier jeder Weiße, wenn er nicht gerade ein Trinker ist oder ein Versager. Erfahrung wird hier noch geschätzt – im Gegensatz zu Europa. Hier wird einer auch mit siebzig noch eingestellt. Ein Weißer mit Erfahrung wird hier nie arbeitslos. Dem geht's hier gut. Ich kenn welche mit vierzig Jahre jüngeren Frauen.«

»Und was reden die mit denen?«

»Wir haben hier abends immer Gesellschaft.

Da können wir uns unter uns (Weißen) unterhalten. Die Frauen haben wir ja nicht, um uns mit denen zu unterhalten. Das ist hier eine ganz andere Lebensart. Die afrikanischen Frauen, die sollen unsere Häuser europäisch sauber halten, aber sie brauchen sich nicht europäisch mit uns zu unterhalten. Je weniger die reden, umso weniger Streit gibt es.«

Kürzlich hatte er sich in der Innenstadt ein so genanntes »Deuxième Bureau« eingerichtet. So nennt man in Paris den verschwiegenen Ort, an dem Monsieur am Nachmittag ein Schäferstündchen hält, bevor er zum Unterschreiben der Post noch mal ins Erste Büro kommt – und dann nach Hause geht zu Madame.

Hans hatte also ein Apartment gemietet, in dem seine junge schwarze Geliebte lebte – ordnungsgemäß zuvor auf Aids getestet. Sassa war in solchen Dingen früher eher afrikanisch, also nicht kleinlich. Doch mit den Jahren beginnt sie eifersüchtig zu werden. Sie schöpfte Verdacht und fand die Wahrheit heraus – samt Adresse. Und als eines Tages Hans dort wieder seiner gewohnten Untreue nachgehen wollte, war das Vögelchen fort. Sassa hatte es geschafft, die junge Frau unter einem Vorwand verhaften zu lassen.

»Da hatte ich richtig zu tun, die da wieder rauszukriegen.«

Er musste die Frau und das Apartment aufgeben, denn Sassa hatte auch noch die Kinder informiert, und die haben Hans sehr ins Gewissen geredet. Das hat gewirkt. Fürs Erste.

Traumberuf Entwicklungshelfer

Die Entwicklungshilfe ist für viele Beteiligte ein gigantisches Geschäft, sie kassieren – und schweigen

In Brüssel treffe ich im Sommer 2005 jenen Christopher Trapman, der 1991 als Weltbank-Repräsentant wegen der Unruhen überstürzt aus dem Kongo hatte abreisen müssen und Hans vor dem Abflug seinen Büroschlüssel gab. Trapman hat nach seiner Flucht wieder in der Weltbankzentrale in Washington Dienst getan, hat von dort aus weiter Afrika betreut. Und er ist daran verzweifelt, nicht an Afrika, sondern an der Weltbank, an der Sinnlosigkeit ihrer kostspieligen Projekte. Keines habe die Afrikaner wirklich weiter gebracht, denn keines habe sich um die Bildung bemüht, die er als Grundvoraussetzung für den Erfolg jeder Hilfe sieht.

Trapman lebt als Privatier in Brüssel. Und er gesteht, dass er viel lieber wieder im Kongo wäre, denn er ist vernarrt in dieses chaotische Land. Er hofft jetzt, dass sein Freund Hans für die Franzosen vom »Institut Géographique« die Ausschreibung zur Bestandsaufnahme im Regenwald gewinnt, und dass er und Hans dann als Kenner der Region an dem Projekt mitarbeiten können. Eine gut bezahlte Arbeit im Regenwald des Kongo wäre für beide das große Glück. Dabei stört es sie zwar, dass so viel Geld für eine Bestandsaufnahme verwendet wird, die nun wahrlich nicht zu den dringendsten Bedürfnissen des Kongo gehört. Aber sie haben es aufgegeben, den Irrsinn zu bekämpfen, weil es so aussichtslos ist. Mit über sechzig wollen sie jetzt wie so viele andere nur noch von den Segnungen der Entwicklungshilfe für die Helfer profitieren.

Eine Frau habe ich erlebt, die Entwicklungshilfe als persönliche Herausforderung sieht. Eine Überzeugungstäterin. Von ihr hatte Hans mir schon oft erzählt. Jetzt treffe ich sie unter den Gästen an seiner Bar: Salua Nour, Ägypterin, in Deutschland studiert, promoviert und sogar habilitiert. Eine kleine Person mit klugem, aber auch traurigem Blick. Sie will Kleinunternehmern zum wirtschaftlichen Erfolg verhelfen, indem sie ihnen die Regeln von Vernunft und Ordnung, Ehrlichkeit und Anstand vermittelt. Dabei weiß jeder, auch Salua Nour, dass man damit in diesem Meer von Korruption und Anarchie, von Gewalt und Lüge zum sicheren Untergang verdammt ist. Deshalb hilft sie in einem zweiten Schritt diesen Kleinunternehmern, sich zusammenzuschließen, sich zu organisieren, damit sie sich gemeinsam gegen die Habgier korrupter Beamter wehren und sich sogar politisch Gehör verschaffen können. Ein kleines Projekt mit wenig Geld zur Demokratisierung dieses Landes von unten, zur Bildung einer Zivilgesellschaft im Kongo! Der Weg dahin ist noch weit, sehr weit, denn Salua Nour kämpft ja nicht nur gegen ein durch und durch korruptes und chaotisches Staatswesen, sondern auch gegen Weltbank, UNO, EU und Co., die allesamt diesen Staat noch stützen mit ihren millionenschweren Projekten. Deren gewaltige Geldströme will Salua Nour auf lange Sicht von oben nach unten umlenken, damit sie nicht gegen, sondern für das Volk wirksam werden können. Nie habe ich einen besseren Ansatz von Entwicklungshilfe gesehen. Ein Projekt der gtz, die dafür großes Lob verdient.

Sassas Sorgen

Nach fünfundzwanzig Jahren Quasi-Ehe mit Hans macht sich Sassa Sorgen um ihre Zukunft

Es ist kurz vor Mitternacht in Kinshasa, nur Hans und ich hängen noch an der Bar der »Villa Kasahama«. Da erscheint Sassa und verlangt einen Schlummertrunk, einen Amarula. Den hält Hans immer eigens für sie bereit. Es kommt jetzt öfter vor, dass Sassa Likör braucht – denn sie hat Kummer. Mit Hans. Sie hat Sorge, dass sie ihm mit ihren fünfzig Jahren zu alt wird und er sich vielleicht schon bald eine Jüngere suchen wird. Sie hat das oft genug bei anderen Weißen gesehen. Was soll dann aus ihr werden? Darüber geredet hat sie mit Hans noch nie. Jetzt gerate ich in die Rolle des Vermittlers. Wir sprechen abwechselnd Deutsch und Französisch, denn Sassa versteht noch immer fast kein Deutsch. Sie traut ihm nicht, sagt sie. Und es beruhigt sie nicht, wenn er versichert, dass er sich doch mit seinen dreiundsechzig Jahren keine Neue mehr zulegen werde, da müsse er doch bescheuert sein, jetzt noch ganz von vorne anzufangen.

Sie glaubt es nicht, nimmt noch einen Amarula. Es sind ja nicht nur die anderen Frauen, es ist auch seine lieblose Art mit ihr umzugehen, und das mit der *caisse de charbon*. Das Wort Kohlenkasten kennt sie auch auf Deutsch, und sie ist ziemlich sicher, dass er das schon immer geringschätzend gemeint hat. Außerdem hält sie Hans für rechthaberisch und rassistisch, aber schon dafür fehlen ihr im Französischen die richtigen Worte. Und ihre Muttersprache Lingala versteht wiederum Hans nicht. Natürlich nicht. Kein Weißer hat die Sprache der Afrikaner gelernt. Diese Mühe machten sich nur Missionare.

»Ja«, sagt Hans schließlich auf Französisch, »eines Tages gehe ich zurück nach Europa. Dann kriegst du dieses Haus.« Sassa glaubt ihm wieder kein Wort. Da geht Hans in sein Büro und kommt mit einem Dokument in deutscher Sprache wieder, gibt es mir, damit ich es ihr übersetze. Es ist sein Testament – von der Deutschen Botschaft beglaubigt: Das Haus in Kinshasa erben zu gleichen Teilen die Kinder Marcario und Katja. Sassa ist jedoch Vorberbin, kann also bis zu ihrem Tod das Haus nutzen. Dann erst fällt es an die Kinder. Davon wusste Sassa bis heute nichts.

»Den Schrieb soll sie behalten!«

Sie nimmt wortlos das Blatt und geht schlafen – nicht glücklich und auch nicht beruhigt. Denn wovon sollte sie sich und das Haus unterhalten, wenn Hans nicht mehr da ist? Die Modeboutique hat dafür nicht genug Umsatz. Ohne Hans müsste Sassa wieder afrikanisch leben, vielleicht noch mit Auto, aber bestimmt ohne Personal. Immerhin könnte sie das Haus an Entwicklungshelfer vermieten. Die wird es in Kinshasa immer geben, solange sie hier angenehme Lebensbedingungen vorfinden. Schließlich führt ja die Entwicklungshilfe nicht zu einer Entwicklung, die Entwicklungshilfe überflüssig macht. Das ist jetzt schon vierzig Jahre lang so. Darauf kann Sassa getrost für ihre Zukunft rechnen. Die Entwicklungshelfer tun es auch.

Damit steht Sassa besser da als Hans. Der ahnt

ja nicht, was ihn erwartet, wenn er wirklich nach Südfrankreich ginge: Statt des geachteten Patriarchen, der er in Kinshasa ist, wäre er dort ein Niemand. Das wird er sich noch überlegen. Außerdem könnte es sein, dass ihn schon bald ganz andere Entwicklungen an Kinshasa fesseln: die Enkel!

Hans hat nämlich in Essen noch ein ungelöstes Familienproblem, eine Fortsetzung seiner eigenen Geschichte: Alexandra, seine Tochter aus zweiter Ehe, drogenabhängig und Mutter von drei unehelichen Kindern – alle mit dem Familiennamen Buchhold. Das jüngste wurde der Mutter schon vom Jugendamt weggenommen. Die beiden größeren sind bei ihrer Urgroßmutter Hertha. Hertha ist aber sehr alt und wird sich um die Kinder bald nicht mehr kümmern können. Dann will Hans die beiden nach Kinshasa holen, bevor das Jugendamt wieder zugreift. Dann soll »Villa Kasahama« einen Anbau bekommen mit zwei Zimmern und einem Bad. Die Pläne sind schon fertig. Es wird wieder eine *Bonne* geben, einen weiteren Chauffeur und ein drittes Auto. Als Opa und Oma werden Hans und Sassa dann wieder viel miteinander zu tun haben. Es wird ihnen gut tun.

Donnerstag, 17. März 2005
»In Flüchtlingslagern nur Parasiten«

Ein alter Bekannter berichtet von schamlosem Missbrauch der Flüchtlingshilfe

Wieder ein Tag ohne Strom, ohne Wasser.

Was, frage ich mich beim Frühstück, ist eigentlich aus dem Plan der AU geworden, die im Kongo marodierenden ruandischen Hutu zu entwaffnen? Und tatsächlich berichtet heute *Agence France Presse* (*AFP*), die AU werde für die Aktion sechs- bis siebentausend Mann benötigen. Man wolle zunächst eine Erkundungskommission in den Kongo entsenden. Ein Datum gebe es dafür aber noch nicht.

Also wieder verschoben.

Am Vormittag kommt Pierre auf ein Schwätzchen vorbei. Ein Mongo mit freundlichem, rundem Gesicht. Hans kennt ihn, seit er im Land der Mongo mit Kaffee handelte. Ich kenne Pierre, seit wir in seiner Heimat den Film »Weißer Mann, komm wieder!« drehten. Er war unser Dolmetscher und »Stringer«, der Mann also, durch den wir stets zur richtigen Zeit am richtigen Ort den richtigen Gesprächspartner trafen und mit dem auch reden konnten. In Kinshasa verdiente er sich damals etwas Geld als Zuträger des Bundesnachrichtendienstes. Den Kontakt hatte Hans hergestellt.

Als ich Pierre jetzt wiedertreffe, ist er deutlich besser angezogen als damals. Er ist, erfahre ich, Staatssekretär im Sozialministerium. Welch ein Aufstieg. Den Nebenjob beim BND hat er aber nicht aufgegeben, erzählt mir Hans später. Jetzt erzählt erst einmal Pierre, wie er als Insider die Lage im Land einschätzt: düster! Das Volk misstraue den Regierenden zutiefst. Wenn es bei den kommenden Wahlen nicht korrekt zugehe, werde dieses Volk mit Gewalt antworten.

Seine Hauptaufgabe im Ministerium ist die Rückführung der vielen im Land verstreuten Flüchtlinge, der Menschen also, die vor plündernden, vergewaltigenden und mordenden Soldaten des eigenen Landes fliehen mussten und seitdem irgendwo in Lagern hausen, obwohl es in ihren Heimatdörfern längst wieder friedlich zugeht. Trotzdem sei das mit der Rückführung dieser Flüchtlinge schwierig. Die größten Schwierigkeiten habe er aber nicht mit den Flüchtlingen, sondern mit ihren Betreuern, besonders mit den Leuten von OCHA, dem UN-Büro zur Koordination der humanitären Hilfe.

»Die sabotieren unsere Arbeit, wo sie können. Sie wollen verhindern, dass die Flüchtlingslager aufgelöst werden. Denn dann hätten sie keine Arbeit mehr. Es ist widerlich!«

Pierre hat gerade eines der Lager in Mbadaka besucht.

»Die Menschen leben da wie die Tiere, teilen die Zelte mit ihren Haustieren, Hühnern, Ziegen und werden von Hilfsorganisationen des Auslands versorgt. Die sind auf die niedrigste Stufe menschlicher Existenz gesunken. Dabei sind sie gesund und kräftig. Die könnten bei sich zu Hause sehr gut für sich selber sorgen. Sie tun es aber nicht, weil ihnen die ausländischen Helfer ihre Hilfe geradezu aufdrängen. So viel, dass die Flüchtlinge damit noch Handel treiben können.«

Pierre hat den Leuten angeboten, sie zurück in ihre Dörfer zu bringen und ihnen dort beim Start der eigenen Landwirtschaft zu helfen. Und er ist bei fast allen auf Ablehnung gestoßen. Zur Heimkehr zwingen aber darf er keinen. Dagegen würden sofort die berufsmäßigen Helfer einschreiten. Aus humanitären Gründen. Pierre ist frustriert.

»Das sind gar keine Flüchtlinge mehr. Die echten Kriegsflüchtlinge sind längst wieder in ihren Dörfern. Die Tausenden, die jetzt noch in den Lagern hausen, sind nichts anderes als Parasiten.«

Und das sind für Pierre auch die Helfer, die aus Eigennutz solchen Missbrauch möglich machen.

Essen bei Lebenskünstler Nicola

Mit General und Kabinettschef beim besten Italiener

François, der General ruft an, ob wir heute Abend mit ihm essen wollen bei Nicola, sein Cousin käme auch.

Duschen, umziehen und durch den Stau zu Nicola, dem Italiener. Der ist siebzig, betreibt sein Restaurant schon seit den Anfängen Mobutus und steht heute noch am Pizzaofen. Eine Institution. Wenn bei Mobutu wichtige Gäste waren, hat immer Nicola gekocht und serviert. Als Papst Johannes Paul II. noch lebte und das Land Afrikas mit den meisten Katholiken besuchte, hat natürlich Nicola ihn bekocht. Gleich gegenüber dem Pizzaofen ist der Familientisch, an dem schon lange keine Familie mehr sitzt. Hier bewirtet Nicola stattdessen liebevoll die eine oder andere Schöne des Landes – bis zum verdienten Feierabend. Er ist einer der Weißen, die hier in Freuden alt werden.

General Olengha erscheint mit der Nachtschicht seiner Bodyguards und kurz nach ihm sein Cousin She im gepanzerten Mercedes. Nicola begrüßt die Größen des Regimes wie gute Freunde. Auch er hat den Machtwechsel elegant mitvollzogen, genießt unter dem neuen Regime dieselben Privilegien wie unter dem alten, nämlich absoluten Schutz: Sobald in Kinshasa Unruhe und die Gefahr von Plünderungen aufkommt, steht Nicola mit seinem Restaurant unter militärischem

Schutz, wird nicht angetastet. Nie ist ihm ein Haar gekrümmt oder auch nur eine Flasche gestohlen worden. Nicola genießt dieselbe Immunität wie alle Brauereien Afrikas. Ich weiß von keiner einzigen auf dem Kontinent, die je bei einem Aufstand oder Bürgerkrieg zu Schaden gekommen wäre, wie verheerend ringsum die Verwüstungen auch waren.

Unser Essen wird immer wieder durch Telefonate unterbrochen, She hat vor sich zwei Handys liegen, und an beiden ist er sehr gefragt. François mit nur einem Handy hat plötzlich einen seiner deutschen Söhne am Ohr, der für Papas Farmen gerade einen gebrauchten Schlepper besorgt.

»Und wie geht's Mutti? Gut?«

Die Familie wohnt jetzt in Berlin. Seine Frau hat Arbeit als Buchhalterin. Die Kinder besuchen ihn manchmal. Sie will nicht in den Kongo. Dabei hält er hier eigens für sie ein Auto bereit, einen luxuriös ausgestatteten Toyota Landcruiser.

Ein Kindersoldat wollte rauchen

Hans und der Kindersoldat

Bei einem Absacker an der Hausbar erzählt mir Hans noch die Geschichte von dem *Kadogo*, so heißen hier die Kindersoldaten, mit denen Kabila 1997 einmarschierte: »Da hatte ich bei Nicola ordentlich einen gezogen, war also ziemlich blau. Kam ich da raus und wollte zu meinem Auto, stand da so ein kleiner *Kadogo*, ging mir nur bis hier, drückte mir den Lauf von seiner Kalaschnikow in den Bauch und sagte ›Cigarette‹.«

Was jetzt geschah, schildert Hans in so drastischen Worten, dass ich es hier auf meine Art wiedergeben möchte: Hans, betrunken wie er war, geriet augenblicklich in Rage über den unverschämten Bengel. Er umfasste blitzschnell mit beiden Händen den Lauf der Kalaschnikow, hob die Waffe samt Schulterriemen hoch über den Kopf des Jungen und ließ sie von dort auf dessen Schädel niedergehen. Das muss mit solcher Wucht geschehen sein, dass der Kindersoldat vor Hans zusammenbrach. Der erschrak zutiefst und war augenblicklich wieder nüchtern. Er vergewisserte sich rasch, dass offenbar niemand die Szene beobachtet hatte. Es gab ja keine Straßenbeleuchtung. Rasch schaffte er mit Hilfe seines Fahrers den leblosen Körper in sein Auto und fuhr davon. An einer nahe gelegenen Brücke über einen kleinen Zufluss des Kongo ließ er halten. Gemeinsam hoben Fahrer und Chef den Körper über das Brückengeländer und ließen ihn fallen. Die Kalaschnikow warf Hans hinterher. Alle Spuren waren beseitigt. Nur zur Sicherheit hat Hans jedoch an den folgenden Tagen die Innenstadt und besonders diese Brücke gemieden.

Kindersoldaten sind keine Spezialität des Kongo. Es gab und gibt sie auch auf allen anderen Kriegsschauplätzen Afrikas. Hier ist die Geschichte von einem, der seine *Kadogo*-Karriere überlebt hat:

Ruffin Lubila ist zwanzig, besucht die vierte Klasse des Gymnasiums und hat bereits sechs Jahre Militärdienst hinter sich. Es begann 1995 in seiner Heimatstadt Bukavu, er war gerade elf Jahre alt, das Land hieß noch Zaire, und Mobutu war der Präsident. Mit dreizehn Gleichaltrigen spielte er in einer Fußballmannschaft seines Wohnviertels. Da sprach ein »Sponsor« die Jungen an, versprach ihnen Sportausrüstung, und schon bald fanden sie sich im militärischen Ausbildungslager Gabiro in Ruanda wieder. Dort erhielten sie vier Monate Grundausbildung und zwei Monate »psychologische Vorbereitung auf das Kriegsziel«. »Die Waffe, die du erhalten wirst, ist deine Mutter, dein Vater, deine Frau. Nutze sie gut zur Befreiung deines Vaterlands!« Das waren damals die Parolen, die Parolen der AFDL, der »Allianz demokratischer Kräfte zur Befreiung des Kongo«, angeführt von Laurent-Désiré Kabila, der höchst geheim von den Nachbarländern Ruanda und Uganda aus den Sturz Mobutus vorbereitete.

Im Oktober 1996 geht es los, und Ruffin ist von Anfang an dabei, als Kabilas Truppen mit ruandischer und ugandischer Unterstützung den Kongo vom Osten her aufrollen. Ruffin ist dabei, als sie unter ihrem Anführer James Kabarebe die

Stadt Bukavu »befreien«, dann Uvira, Fizi, Force Bendera, Nyunzu, Lubumbashi. Und am 17. Mai 1997 ist er einer der Kindersoldaten, die ich in langen Kolonnen nach Kinshasa einmarschieren sah. Mit vierzehn wird er Mitglied der Leibgarde Kabilas. Ein Jahr später wird er nach Bukavu versetzt, um die dortige Residenz Kabilas zu bewachen. Dort aber, im Osten des Kongo, ist gerade ein neuer Krieg entbrannt: Kabilas ehemalige Verbündete Uganda und Ruanda machen sich über den Osten her, um ihn auszuplündern. Ruffin gerät in die Hände der Rebellenarmee der RCD, die das Ziel hat, Kabila zu entmachten. Drei Jahre lang dient er in der Leibgarde des Rebellengouverneurs Kantitima. Im Jahr 2000 wird er entlassen. Bis hierher eine gewöhnliche Kindersoldaten-Karriere.

Die Fortsetzung ist ganz und gar nicht gewöhnlich: Mit seinen jetzt sechzehn Jahren will er in der Schule dort weitermachen, wo er mit elf aufgehört hat, in der sechsten Klasse der Grundschule. Dort muss er, wie alle anderen, kurze Hosen tragen – und geniert sich, weil er doch für kurze Hosen schon viel zu alt und viel zu groß ist. Aber seine Mutter und der Schuldirektor unterstützen ihn, machen ihm Mut, auch den Spott seiner viel jüngeren Klassenkameraden zu ertragen. Und Ruffin schafft es. Er findet sogar einen Wohltäter, der ihm das Schulgeld fürs Gymnasium zahlt.

Heute wird Ruffin auf den Straßen Bukavus von den Jüngeren mit großem Respekt gegrüßt, er hat sich ihre Anerkennung erworben. Für sein Alter zu klein gewachsen, aber kräftig gebaut und durchtrainiert, ist er für die Jugend so etwas wie ein Held geworden, ein Idol. Und die Politik zeigt ihn gern als Beispiel für die gelungene Reintegration eines *Kadogo* in die zivile Gesellschaft. Viele seiner ehemaligen Kameraden tragen noch Uniform und Waffe, und Ruffin würde sie gern dazu bewegen, auch ins richtige Leben zurückzukehren. Aber die Programme der Regierung zur Rückkehr der Jugendlichen ins zivile Leben taugten nichts, sagt er. »Da nimmt man ihnen ihre Waffe ab und überlässt sie dann ihrem Schicksal. Nicht mal zur Schule können sie gehen.« Allein in und um Bukavu könnte er auf der Stelle sechshundert Kindersoldaten zur Rückkehr ins Zivilleben bewegen, sagt Ruffin, wenn es dort eine Zukunft für sie gäbe. Es gibt aber keine – keine Schule, keine Lehre, keine Arbeit. Also behalten sie ihre Kalaschnikow, denn mit ihr gelingt es immer noch am zuverlässigsten, sich Taschengeld zu beschaffen, für Essen, Trinken – und Zigaretten.

Freitag, 18. März 2005
Ausflug mit dem General

Quer durch Kinshasa mit einem deutschen Kongolesen

Mit dem Landcruiser, der für seine Frau gedacht war, steht François am folgenden Morgen bei Hans vor dem Tor. Der General will mir seine Farmen zeigen. Hans kann nicht mit, er hat heute Abend schon wieder Gäste. Den Toyota hat François in Neuß gekauft und mit dem Schiff nachkommen lassen, wie seinen Mercedes 350 SL. Der allerdings stand erst mal ein paar Monate bei Hans im Hof, bis sich herumgesprochen hatte, dass François schon vor Kabilas Machtübernahme reich war, es also nicht, wie so viele, im neuen Amt erst werden musste. Der Chef, sagt er, Kabila, ist auf Asienreise. Da kann er endlich einen freien Tag nehmen, muss nicht ständig damit rechnen, dass der Präsident ihn braucht. Trotzdem wird er immer wieder am Handy verlangt. Wir verlassen Kinshasa in westliche Richtung. Zu meinen Füßen eine Kalaschnikow, auf der Mittelkonsole griffbereit eine 9-Millimeter-Pistole, hinter mir ein Soldat in Uniform, bewaffnet mit einer israelischen Maschinenpistole »Uzi«, einer einfachen Pistole, Handgranaten und Schlagstock. Am Tage verzichtet François auf die ganze übrige Leibgarde, sagt er. Die braucht er nur nachts. Im dichten Verkehr kommen wir nur langsam voran. Immer wieder blockieren liegen gebliebene Autos die Straße, oder mehrere Überholer nebeneinander zwingen den Gegenverkehr zum Halten. François empört sich über so viel Disziplinlosigkeit – wie ein Deutscher sich eben empört.

Von der Farm gleich außerhalb Kinshasas gibt es einen großartigen Blick über die hügelige Landschaft, abgeholzt bis zum Horizont. Nackt. Millionen kochen in Kinshasa auf Holz. Da hat weit und breit kein Bäumchen die Chance, ein Baum zu werden. Brachland also – aber grün. Und keine Landwirtschaft. François ist nach langer Zeit der Erste, der es wieder versucht. Er hat hier achtzig Hektar gekauft und zwei Agronome eingestellt, einen rumänischen und einen von hier. Sie haben Obstbäume gepflanzt und Mais gesät. Den Bach unten im Tal hat François zu mehreren Fischteichen gestaut, in denen es von Welsen wimmelt. Auf diesem Land kann man Nahrung in Hülle und Fülle anbauen, sagt er. Man muss es nur bearbeiten. Dann braucht im Kongo niemand zu hungern. Aber in der Stadt sitzen sie zu Millionen ohne Arbeit rum und warten auf die Nahrungshilfe des Auslands. Und sie kommt ja auch. Wozu dann selber auf dem Acker arbeiten? Bei der Hitze! Die Nahrungsmittelhilfe sorgt so für immer neuen Nahrungsbedarf, macht sich selber unentbehrlich. Wieder ist der General ehrlich empört wie ein Deutscher. Ein Problem bei der landwirtschaftlichen Produktion sei allerdings, dass zur Erntezeit unglaublich viel geklaut werde. Deshalb stehen an seinen Fischteichen immer Soldaten auf Posten.

»Wer hier klaut, wird erschossen … Also die sollen natürlich nur auf die Füße zielen …«

Jetzt wollen wir zu der anderen, der größeren Farm, müssen dazu durch ganz Kinshasa und ein

Stück kongoaufwärts fahren. Und wieder dieser chaotische Verkehr! Ein zum Taxi umgebauter Transporter hält direkt vor uns in einer Kurve mit Halteverbot, will ausgerechnet hier Fahrgäste aus- und einsteigen lassen, kann solange nicht überholt werden. Schon entsteht wieder ein Stau. François schickt seinen Soldaten, aber der Fahrer bleibt stur.

»Le bâton!«

Mit dem Holzknüppel drischt da der Soldat durch die fehlende Tür so lange auf den Fahrer ein, bis der endlich den Gang findet und weiterfährt.

François auf Deutsch: »Anders geht das hier nicht.«

Ich fotografiere aus dem fahrenden Auto und ernte wüste Drohungen der Fotografierten. Kein Problem, sagt der General, ich bin ja hier. Ohne diesen Schutz hätte sich die Meute beim nächsten Stau auf mich gestürzt. Und da will ein Minister für Tourismus die Schönheiten dieses Landes für ausländische Gäste öffnen … Ich wollte einmal als Schlusseinstellung für einen Film aus Kinshasa über den Fluss hinweg einen sehr schönen Sonnenuntergang filmen – und wurde sofort verhaftet. Erstens sei der Fluss die Landesgrenze, also ein strategisches Objekt, zweitens sei in der Nähe der Präsidentenpalast mit Blick auf die Stromschnellen, und der sei das Allerheiligste im Herzen jedes Kongolesen, welch ein Frevel, den zu fotografieren! Hans und ich saßen damals stundenlang fest.

Die zweite Farm des Generals liegt direkt am Kongo, dort wo er flussaufwärts von Kinshasa das breite Stanley-Pool bildet, weil sich das Wasser vor den Stromschnellen staut. Gegenüber der Farm, mitten im Stanley-Pool, vielleicht zehn Kilometer vom Ufer entfernt liegt eine Insel mit Sandstrand, Niemandsland zwischen hüben und drüben. Man kann dort im warmen, sauberen Wasser baden oder Wasserski fahren, picknicken und sich sonnen – muss dabei nur ein Auge darauf haben, dass sich kein Krokodil hierher verirrt. Vor Jahren habe ich mir das an einem drehfreien Wochenende einmal geleistet. François will auf seiner Farm und der Insel Tourismus aufziehen, Ferien auf dem Bauernhof mit Blick auf den Kongo und mit Motorbooten für den Wassersport vor der schönen Insel.

Zu Mittag essen wir Fisch à la Congolaise auf der Terrasse eines Restaurants direkt am Lumeme, einem kleineren Zufluss des Kongo. Der ist etwa so breit wie der Rhein bei St. Goar, hat aber mehr Wasser und mehr Strömung und auch die bräunlich-grüne Färbung des Kongo. Was könnte dieses Land für ein Paradies sein! Auch für Touristen. Mit einem Schiff den Kongo und seine großen Nebenflüsse zu befahren … Das wäre traumhaft.

Touristen ins Gefängnis

Am Abend erklärt mir Hans, warum es Kreuzfahrten auf dem Kongo nicht gibt. Nicht mehr.

»Zur Kolonialzeit konnte man mit dem Raddampfer von hier bis Kisangani fahren und sogar noch viele Nebenflüsse rauf. Es gab Kabinen erster, zweiter und dritter Klasse. Das waren traumhafte Reisen damals. Teuer, aber das Beste, das Afrika zu bieten hatte – und heute noch zu bieten hätte.«

Vorbei. Die Schönheit des Kongo und seiner Nebenflüsse ist immer noch so atemberaubend wie damals. Ich bin in den neunziger Jahren einmal mit einer zweimotorigen Cessna von Kinshasa die siebenhundert Kilometer bis Mbandaka im Tiefflug übers Wasser geflogen und hätte statt der zwei Stunden viel lieber zwei Tage Zeit gehabt für die Reise. Aber es ist wie mit den Straßen. Für ein Kreuzfahrtschiff ist der Kongo längst nicht mehr befahrbar, die Nebenflüsse erst recht nicht. Die Belgier hatten die Flüsse mit ausgebaggerten Fahrrinnen hinterlassen samt der Technik, mit der die jetzt unabhängigen Kongolesen die nötigen Arbeiten hätten weiterführen können.

»Die haben stattdessen den Treibstoff für die Saugbagger verscherbelt und die Fahrrinnen sich selbst überlassen.«

Sogar eine Werft für den Bau neuer Kreuzfahrtschiffe gäbe es noch, unter belgischer Leitung. Aber die hat wenig zu tun, solange der Strom nur so beschränkt befahrbar ist.

Hans würde dennoch gern Touristen in den Kongo holen. Er denkt oft darüber nach. In Teilen des Landes, zum Beispiel im Salonga-Nationalpark, in der Gegend, in der er früher Gummipflanzer war – achthundert Kilometer weiter landeinwärts, dort wäre das jetzt möglich. Dort sind keine marodierenden Soldaten und keine hungrigen Flüchtlinge mehr unterwegs. Dort könnten kleine Gruppen von Touristen in kleinen Flugzeugen auf kleinen Pisten landen und afrikanischen Regenwald pur erleben samt seinen freundlichen Bewohnern. Das gäbe es in Afrika so eindrucksvoll sonst nirgends. Nur wird auch im Kongo vorerst nichts daraus.

»Touristen müsste man selbst hier in Kinshasa auf Schritt und Tritt begleiten«, sagt Hans, »sonst landet der eine oder andere mit Sicherheit im Gefängnis. Und um den da wieder rauszukriegen, müsste ich erst mal wissen, in welchem er sitzt.«

Solange man im Kongo mit Fremden nicht zivilisierter umgeht, muss das Land weiter auf Einnahmen aus dem Tourismus verzichten. Dabei könnten das große Einnahmen sein, mit denen das Land selber einen großen Beitrag zu seiner Entwicklung leisten könnte …

Hier fällt mir mein Kollege Stephen Smith ein, viele Jahre Afrika-Korrespondent von *Le Monde*. Er hat in seinem Buch »Négrologie – Warum Afrika stirbt« die irrwitzige und bewusst provozierende Frage gestellt, was wohl aus Nigeria würde, wenn man dessen Bevölkerung vollständig gegen die von Japan austauschte. Man brauche sich dann, sagt Smith, sicher keine Sorgen um den schwarzen Riesen Afrikas mehr zu machen, ja ganz Afrika ginge es besser, wenn es nicht von Afrikanern bewohnt wäre. Welchen anderen Schluss könne man denn ziehen, wenn dreihundert Milliarden Dollar Öleinnahmen in fünfundzwanzig Jahren nur dazu geführt haben, dass es den Menschen heute (2004) schlechter geht als 1980? »Le présent n'a pas d'avenir en Afrique« – So kommt Afrika nie voran!

Hat Afrika noch eine Chance?

Ja. Und der Schlüssel dazu liegt im Westen

Ich lese noch ein wenig in den Wirtschaftskrimis der UN-Ermittler im Kongo. Fall für Fall ist da beschrieben, wie die politische und militärische Elite des Kongo dieses Land ausplündert: So unterhält sie Gemeinschaftsfirmen mit ausländischen Partnern – Europäern und Amerikanern, besonders aber mit Russen, Libanesen, Israelis, Südafrikanern, Ruandern und Ugandern. Und sie alle haben den Zweck, die riesigen Reichtümer des Kongo am Staat vorbei in private Taschen zu lenken. Immer wieder muss dazu auch das von der UN verhängte Waffenembargo umgangen werden, damit die Beute nicht schutzlos anderen in die Hände fällt.

Und da finde ich auch unseren General François Olengha wieder, von dem es in den Akten der UNO-Kommission ein Dokument gibt, mit dem er Geld der Diamantenfirma MIBA (»Société Minière de Bakwanga«) zum Kauf von Waffen für die kongolesische Armee anfordert. Waffen für den Machterhalt.

Wer keinen Zugriff auf die natürlichen Reichtümer des Landes hat, geht leer aus. Wie »segensreich«, dass wenigstens wir uns um diese Betrogenen kümmern und mit unserer Entwicklungshilfe nach Kräften ihr Elend bekämpfen. Wir werden diesen Kampf nie gewinnen, aber den Plünderern aus der Elite halten wir den Rücken frei, indem wir die Not des Volkes wenigstens so weit lindern, dass es Ruhe hält und sich hoffentlich nicht wieder gewaltsam gegen die Kleptokraten erhebt, wie 1991 und 1993 unter Mobutu.

So geht das in Afrika schon seit den sechziger Jahren: Die Macht der Regierenden wird mit unserer Hilfe immer stabiler, das Elend der Bevölkerung immer dramatischer.

Kluge Afrikaner haben dieses System längst durchschaut. Im *Potentiel* lese ich einen Kommentar, in dem die jetzigen Machthaber mit denen des 16. Jahrhunderts verglichen werden: Vor fünfhundert Jahren verkauften die Häuptlinge und Könige Millionen ihrer Untertanen an weiße Händler als Sklaven für den Export und wurden reich dabei. Sklaverei ist inzwischen verboten. Die heutigen Herren bereichern sich, indem sie genauso skrupellos Afrikas Bodenschätze in alle Welt verschieben. Auch sie bedienen sich dabei weißer Helfer, der Kommentator spricht von Komplizen, die daran mitverdienen und – das ist heute anders – die das gute Geschäft mit so genannter Entwicklungshilfe absichern. Ein perfides System! Die Afrikaner, heißt es am Schluss des Kommentars, müssten ihre Zukunft endlich selber in die Hand nehmen und sich ihre Freiheit erkämpfen.

Aber wer im Kongo liest schon die Zeitung. Die am meisten Betroffenen können sich weder eine Zeitung kaufen, noch könnten sie lesen. Die Zahl der Analphabeten ist zu Beginn des 21. Jahrhunderts größer als am Ende der Kolonialzeit fünfzig Jahre zuvor.

Am Abend ist wieder das Haus voller Gäste. Pflege der Kontakte! General François Olengha ist da und sein Cousin She, der Kabinettchef des Präsidenten. Der wird nur mit »Excellence« angeredet und wirkt etwas gelangweilt, muss während des Essens immer wieder telefonieren. Staatsgeschäfte.

Nach dem Essen zeigt Hans ein Video, meinen zehn Jahre alten Fernseh-Film »Weißer Mann, komm wieder!« Der Film zeigt den Kongo kurz vor dem Ende der Ära Mobutu – in desolatem Zustand, Beispiel für den Zustand ganz Schwarzafrikas. Überall schwindet der Einfluss des Staates auf das Geschehen draußen im Land. Dezentralisierung durch Verwahrlosung. Der Film sieht das als Chance der Völker, sich aus dem Schwarzen Kolonialismus zu befreien. Heute, sagt nach dem Film der General, sei die Verwahrlosung noch viel weiter fortgeschritten.

Und die Politik zieht nach: Die 2005 angenommene Verfassung des Kongo sieht bereits Provinzparlamente vor, die über vierzig Prozent der Staatseinnahmen auf ihrem Gebiet selbst bestimmen können (wenn es denn Einnahmen gibt). Für die zweihundertfünfzig Völker des Kongo, die erst unter Léopold II., dann unter dem Belgischen Staat, später unter Mobutu, zuletzt unter Vater und Sohn Kabila als ihren Kolonialherren litten und noch immer leiden, ist das ein erster Schritt zur Rückgewinnung ihrer Autonomie – nach mehr als hundertzwanzig Jahren der Unterdrückung, ein erster kleiner Schritt zurück in die Freiheit.

Jetzt werden Forderungen nach dem nächsten Schritt laut, der Entmachtung der Zentralregierungen, die doch nur die Nachfolger der alten Kolonialverwaltungen sind. Wiederherstellung der Autonomie der Völker, wie sie sie vor der der Kolonialisierung gab – und dann die Bildung großer Völkergemeinschaften nach dem Erfolgsmodell

EU. Unabhängig von den 1885 in Berlin willkürlich gezogenen Grenzen der Kolonien solle ganz Schwarzafrika in Zukunft aus nur noch vier oder fünf solchen Gemeinschaften bestehen, in denen es – wie in der EU – weder Herrscher noch Beherrschte gibt. Aber das liegt noch in weiter Ferne.

Zuerst müssten sich die Afrikaner von ihren schwarzen »Kolonialherren« befreien – und von deren weißen Helfern. Mit den vom Westen geforderten und geförderten »freien demokratischen« Wahlen wurde das bisher nirgends erreicht. Warum hätte es 2006 ausgerechnet im waffenstarrenden Kongo funktionieren sollen?

Einen letzten Drink an der Bar, dann machen sich François und sein Vetter She auf den Heimweg. Sie sind schon jetzt ganz sicher, dass sie auch nach der Wahl noch oben schwimmen werden. Und solange es ihnen gut geht, geht es auch Hans gut.

»Demokratie«, sagt der, als die beiden fort sind, »wäre das Letzte, was ich hier brauchen kann. Ich kann mit Diktatoren einfach besser als mit Demokraten.« Er sagt mir das ganz ungeniert – und grinst, weil er weiß, wie böse mich das macht. Im klimatisierten Teil Afrikas wäscht erst mal weiter eine weiße Hand die schwarze und eine schwarze die weiße. Und dank der großzügigen Entwicklungs- und Nahrungsmittelhilfe, der Friedenstruppen und Katastrophenhelfer wird es wohl noch dauern, bis die betrogene und in der Hitze dösende Mehrheit erwacht. Aber dieses Erwachen wird furchtbar. Das glaubt sogar Hans.

Oder gibt es einen Weg, diesen blutigen Aufstand der Betrogenen noch zu vermeiden? »Der

Schlüssel dazu liegt bei Euch«, sagen mir nachdenkliche Afrikaner. Und auch in Europa mehren sich solche Stimmen: Würden wir nur unsere bisher für Afrika eingesetzte Hilfe nicht weiter dazu verwenden, den Schwarzen Kolonialismus zu stützen, würden wir damit stattdessen den Afrikanern bei der Verwirklichung ihrer Vision von einem neuen Afrika helfen, ihnen helfen, mit der Demokratie ganz unten an der Basis zu beginnen und dann jene Völkergemeinschaften nach dem Muster der EU zu bilden – dann wäre dieser Kontinent wahrscheinlich zu retten. Führungspersonal dafür gibt es, integre, gut ausgebildete afrikanische Persönlichkeiten. Die meisten von ihnen sind im Exil, weil in den jetzt herrschenden Kleptokratien kein Platz für sie ist. Sie warten auf ihre Stunde nach der großen Wende. Bei dieser Wende – und nur dabei – müssen wir helfen!

Samstag, 19. März 2005 – letzter Tag
Vom Geheimdienst verabschiedet

Ein letztes Mal im Dunkeln durch Kinshasa – und zurück nach Europa

Der Mann vom Geheimdienst ist da. Er wird mich mit Hans zum Flughafen begleiten, damit ich ungeschoren wieder außer Landes komme. Sassa scheint erleichtert, dass der Besucher jetzt wieder geht, mit dem ihr Hans so viel auf Deutsch zu reden hatte. Der Abschied von ihr ist kühl und knapp. Seit einer halben Stunde ist es dunkel. Autoscheinwerfer sind die einzigen Lichtquellen auf den Straßen. Wir sind spät dran – und stehen schon nach fünfhundert Metern im Stau. Für den gibt es eigentlich keinen Grund. Nur: Auf der Kreuzung vor uns hat sich ein unüberschaubares Knäuel von Fahrzeugen gebildet – hoffnungslos ineinander verkeilt. Aus allen Richtungen drängen weitere Autos nach, es gibt dort kein Vor und kein Zurück mehr. Triumph der Anarchie! Ein Dieb greift blitzschnell in ein Autofenster und will fliehen. Private Wachleute, die selber im Stau stehen, sind schneller. Sie verprügeln den Bengel und lassen ihn laufen. Daniel kann gerade noch rechtzeitig wenden. Wir nehmen einen Umweg. Es geht jetzt durch dunkles, heruntergekommenes Stadtgebiet, in das wir uns sonst bei Dunkelheit nie trauen würden. Auf den Straßen fast keine Menschen. Es erinnert mich an Bürgerkrieg mit Ausgangssperre. Daniel fährt so schnell es der Straßenzustand erlaubt. Da ändert sich plötzlich das Fahrgeräusch. Das rechte Vorderrad ist platt. Ausgerechnet jetzt. Und ausgerechnet hier. Daniel arbeitet ohne Licht und so schnell er kann. Der Mann vom Geheimdienst behält die Umgebung im Auge. Wir bleiben unentdeckt und unbehelligt, fahren endlich wieder, sind jetzt aber wirklich sehr spät dran. Ich erreiche den Schalter zum Einchecken als Letzter vor dem Schließen. Siebenmal wird dann noch bis zum Gate mein Ticket mit meinem Pass und der mit meinem Gesicht verglichen. Dann bringt ein kleiner, knallgelber amerikanischer Schulbus die Passagiere im Pendelverkehr zum Flugzeug, denn es hat angefangen zu regnen.

Adieu Hans, adieu Kongo. Sobald die Reiseflughöhe erreicht ist, werden Kabine und Passagiere mit Insektizid besprüht. Vorschrift.

Das Buch

Die sechzehnjährige Martha Quest lebt auf der Farm ihrer Eltern in der britischen Kolonie Südrhodesien. Ihre Umwelt ist geprägt von den Normen einer Gesellschaft, der die Offenheit der Pionierzeit längst verlorenging und die sich um jeden Preis die politische Macht und das bequeme Leben erhalten will, obwohl die Bruchstellen im Gebäude des britischen Imperiums immer deutlicher zutage treten. Martha leidet unter der Gleichgültigkeit ihres Vaters und den kleinbürgerlichen Wünschen und Forderungen ihrer Mutter, denen sie sich instinktiv verweigert. Ohne noch recht zu wissen, was sie eigentlich will, beschließt sie wegzugehen und sucht sich eine Stelle als Sekretärin in der Stadt. Während sie scheinbar unbekümmert am gesellschaftlichen Leben teilnimmt, weiß sie gleichzeitig, daß sie darin keine Erfüllung finden kann. Die Geschichte der Martha Quest und der Welt, in der sie lebt, ist das Thema von Doris Lessings Hauptwerk, dem fünfbändigen Romanzyklus ›Kinder der Gewalt‹.

Die Autorin

Doris Lessing wurde am 22. Oktober 1919 als Tochter eines englischen Offiziers in Persien geboren. Sie wuchs in Rhodesien auf und ging 1949 nach England, wo sie heute noch lebt. Einige der bis jetzt in deutscher Sprache erschienenen Werke: ›Das goldene Notizbuch‹ (1978), ›Eine richtige Ehe‹ (1982), ›Landumschlossen‹ (1983), ›Die viertorige Stadt‹, ›Das Tagebuch der Jane Somers‹ (1984), ›Das fünfte Kind‹ (1988), Romane; ›Der Zauber ist nicht verkäuflich‹ (1976), ›Der Mann, der auf und davon ging‹ (1979), ›Die Frau auf dem Dach‹ (1982), ›Die schwarze Madonna‹ (1985), Erzählungen.

Von Doris Lessing
sind im Deutschen Taschenbuch Verlag erschienen:
Vergnügen (10327)
Wie ich endlich mein Herz verlor (10504)
Zwischen Männern (10649)
Nebenerträge eines ehrbaren Berufs (10796)
Die Höhe bekommt uns nicht (11031)
Ein nicht abgeschickter Liebesbrief (25015)
Die andere Frau (25098)

Martha Quest (10446)
Eine richtige Ehe (10612)
Sturmzeichen (10784)
Landumschlossen (10876)
Die viertorige Stadt (11075)
auch als Kassette unter dem Titel
›Kinder der Gewalt‹ (59004)